国家级精品资源共享课"教学理论与设计"建设成果

当代前沿教学设计译丛 / 主编 盛群力　　海峡出版发行集团 | 福建教育出版社

Reinventing Schools:
It's Time to Break the Mold

重塑学校

—— 吹响破冰的号角

[美]查尔斯 M. 赖格卢特　詹妮弗 R. 卡诺普　著
方向　译　盛群力　校

图书在版编目（CIP）数据

重塑学校：吹响破冰的号角／（美）赖格卢特，（美）卡诺普著；方向译. －福州：福建教育出版社，2015.11（2016.6 重印）
（当代前沿教学设计译丛／盛群力主编）
ISBN 978-7-5334-6935-1

Ⅰ.①重⋯ Ⅱ.①赖⋯ ②卡⋯ ③方⋯ Ⅲ.①学校教育—研究 Ⅳ.①G4

中国版本图书馆 CIP 数据核字（2015）第 194240 号

Reinventing Schools：It's Time to Break the Mold
By Charles M. Reigeluth & Jennifer R. Karnopp
Published by agreement with the Rowman & Littlefield Publishing Group through the Chinese Connection Agency, a division of The Yao Enterprises, LLC.

当代前沿教学设计译丛
盛群力　主编

重塑学校——吹响破冰的号角
[美] 查尔斯 M. 赖格卢特　詹妮弗 R. 卡诺普　著
方向　译　盛群力　校

出版发行	海峡出版发行集团 福建教育出版社 （福州市梦山路 27 号　邮编：350001　网址：www.fep.com.cn） 编辑部电话：0591—83779615　83726908 发行部电话：0591—83721876　87115073　010—62027445）
出版人	黄　旭
印　刷	福建省金盾彩色印刷有限公司 （福州市晋安区福光路 23 号　邮编：350012）
开　本	720 毫米×1000 毫米　1/16
印　张	12
字　数	195 千字
插　页	2
版　次	2015 年 11 月第 1 版　2016 年 6 月第 2 次印刷
书　号	ISBN 978-7-5334-6935-1
定　价	30.00 元

如发现本书印装质量问题，请向本社出版科（电话：0591—83726019）调换。

读者感言

这真是一本最及时的书，研究扎实可靠，论述清晰明白。读起来朗朗上口，引人入胜。本书也是一项重要的计划，对指引转变各个系统水平的范式来说是绝对必要的。赖格卢特博士和我曾经共事多年，依据相同的生本中心原理提出了各自的模式，这些原理反映了学习的本质和变革的真实面目。我非常赞赏赖格卢特的学识，确信本书将给我们的孩子和我们自己带来巨大的改变。在这个动荡的时代，本书给我们带来了必要的信心。

［巴巴拉 L. 麦库姆斯（Barbara L. McCombs）博士，丹佛大学应用研究与技术研究院，人类动机、学习与发展中心高级研究科学家，主任］

美国教育面临着系统的危机，这不是什么新鲜事。大家都心知肚明，当然也有人不承认。有些人是喜滋滋装着什么都不知道，有些人则不想去解决它，因为他们还指望着靠这谋生呢！许许多多试图解决危机的努力都失败了，并且还将继续碰壁，因为解决危机的方法（头痛医头脚痛医脚或者称之为零散片段的改革）不对路，起不到什么效果。查尔斯·赖格卢特，这位有关范式转换的世界顶级专家同詹妮弗·卡诺普合作，撰写了这本新书，帮助读者深刻顿悟体制的危机和急迫的任务。本书能使读者体会到学校变革的强烈需求而且变革的时机也已经到来，整个学校体制必须脱胎换骨。因此，本书是每一位政策制定者、学校的地方主管和学校领导等手中必备之书，以此识别危机并有所作为。

［弗朗斯西 M. 达非（Francis M. Duffy）博士，华盛顿特区高立德大学教育变革领导］

当人们谈到公共教育系统出了什么问题时，很少有人会不同意需要改革。我们大家都哀叹这样一个事实：美国教育已经落在了全球排位的后头，要向芬兰和新加坡学习。然而，我们都似乎难以接受这两个国家成功背后的整体系统方法。在《重塑学校》一书中，作者恰当地将焦点对准教育体制的基本结构。这些基本结构是在工业时代形成的，必须进行变革。作者提出了与之完全不同的符合信息时代需要的新体制。我们一直以来都是在片段零散的解决方案中做文章，现在是迎接整体转换的时候了，这是个棘手的但同时又是必要的挑战。赖格卢特和卡诺普借助"信息时代六个核心理念"提供了一种强力系统方法，以帮助大家思考如何摆脱各种各样零散片段的改革努力，实现建立孩子们应该享受的和国家需要的学校类型这一共同目标。

[丹尼尔 H. 吉姆（Daniel H. Kim），组织学习协会联合创始人]

我们终于有了一张有关从根本上重塑国家公共教育系统的蓝图。查尔斯·赖格卢特和詹妮弗·卡诺普在本书中提出了公共教育系统必须改革的基本要素和清晰过程。《重塑学校》将是那些认真考虑创设一个新教育体制的人所津津乐道的。本书写作精当、深思熟虑、恰逢其时。

[菲利普·哈里斯（Phillip Harris）教育博士，教育传播与技术协会执行主任]

在《重塑学校》中，赖格卢特和卡诺普不仅作出了引人关注、见解深刻的公共教育转型案例，同时也为教育实践者、学生、家长和政策制定者描绘了详细的路线图，提供了具体细致的指导和生动的实例。对那些思考美国未来的人来说，这是一本必备读物。

[斯科特·汤普森（Scott Thompson），松下电器基金会助理执行主任，《来自暴风之眼：灵性与公共学校改进》作者]

《重塑学校》处处体现了范式转换的理念，有些是激进的，有些则是常识。我推荐每一位主管和学校董事会成员好好读一读，想一想哪些是你认可的，哪些是你不赞成的，然后检测你的改革"DNA"。当转换处于困境时，学校董事会的领导是必不可少的。我知道，学校董事会的成员都赞同创设一种学习文化，使得全体学生都能实现其潜能，这是我们最终的目标。本书是一个强有力的资源，能帮助我们实现这一目标。

[安妮 L. 布莱恩特（Anne L. Bryant），全国学校董事会联合会荣誉执行主任]

查尔斯·赖格卢特和詹妮弗·卡诺普撰写的这本书，值得教育领导者阅读。你们真诚地、专心致志地关注信息时代教育的未来，关注增强学生的思维能力……这是一本好书……进步主义学校、特许学校和私立学校都能够从本书中获益。

[《教育技术》杂志]

本书献给 Morgan，Eliza，Jillian，Dane，以及其他所有的孩子，他们是如此渴望置身于一个能满足其需要的教育体制。

目 录

中文版前言 \ 1
前言 \ 1
致谢 \ 1

第一章 基础性变革面面观 \ 1
第一节 只满足少数人的需要 \ 1
第二节 满足全体学生的需要 \ 3
第三节 为过时的就业需求培养学生 \ 5
第四节 探求信息时代的真谛 \ 7
第五节 学生教育需求的转变 \ 14
第六节 理解 S 曲线和范式转变 \ 16
本章小结 \ 18
相关阅读文献 \ 21
相关网站资源 \ 22

第二章 信息时代教育的愿景 \ 23
第一节 核心理念1：重在成绩达标 \ 24
第二节 核心理念2：生本中心教学 \ 26
第三节 核心理念3：扩展课程视界 \ 30
第四节 核心理念4：转换各自角色 \ 32
第五节 核心理念5：培育学校文化 \ 39
第六节 核心理念6：组织/激励结构变革 \ 43
第七节 组织/激励结构变革 \ 50
第八节 成本效益 \ 52
本章小结 \ 53
相关阅读文献 \ 56
相关网站资源 \ 58

第三章 新范式的试验样本 \ 60

第一节 明尼苏达新乡村学校（远见教育学校） \ 60

相关阅读文献 \ 68

第二节 楚加奇学区 \ 68

相关阅读文献 \ 74

相关网站资源 \ 74

第三节 蒙台梭利体制 \ 74

相关阅读文献 \ 80

第四节 其他的信息时代学校体制 \ 80

本章小结 \ 81

第四章 如何实现范式转变 \ 83

第一节 范式变革过程的策略 \ 83

第二节 范式变革过程的原则 \ 86

第三节 开放性问题 \ 93

本章小结 \ 99

相关阅读文献 \ 101

相关网站资源 \ 102

第五章 政府的职能 \ 104

第一节 支持技术工具的开发 \ 104

第二节 支持引领最佳实践 \ 106

第三节 帮助州政府提升促进范式转变的能力 \ 107

第四节 创生有关范式变革过程的知识 \ 108

第五节 国家层面的方略 \ 109

本章小结 \ 112

相关阅读文献 \ 113

附录A 正在进入信息时代范式的学校 \ 115

附录B 假如学校范式变革要花费很长时间将会怎样？ \ 124

附录C 范式转变的工具 \ 125

附录D 面向教育新范式的教学理论与技术 \ 134

附录 E　面向时代需求，实现范式转变 \ 154
英汉对照索引 \ 169
译后记 \ 173

图表目录

表 1.1　两个时代标志性特征对比 \ 13
图 1.1　展现系统发展之零散片段改革的 S 曲线 \ 17
图 1.2　两种交通运输范式的 S 曲线 \ 18
表 2.1　学习中心范式的核心理念 \ 53
表 3.1　在 MNCS 所学技能的评分 \ 61
表 3.2　MNCS 实施的核心理念 \ 62
图 3.1　MNCS 组织结构表 \ 67
表 3.3　CSD 实施的核心理念 \ 69
表 3.4　蒙台梭利体制实施的核心理念 \ 76
表 3.5　三种学校体制中核心理念的总结 \ 81
表 5.1　四个政府措施及其阶段 \ 109
表 A.1　正在进入信息时代范式的学校 \ 115
表 C.1　艾科夫论变革的四种取向 \ 129
图 C.1　分形表现了在不同水平重复的范式 \ 130
表 E.1　工业时代与信息时代的若干标志性特征 \ 155
表 E.2　信息时代教学理论的若干特征 \ 158
表 E.3　教学方式简表 \ 161
表 E.4　教学成分简表 \ 163
表 E.5　教学内容排序简表 \ 164

中文版前言

　　随着中国社会由工业时代向信息时代转变，知识劳动代替了体力劳动成为了最主要的工作形式。在工业时代的社会里，教育体制的一个最主要需求是对学生进行分类培养——哪些应该分流出来做体力劳动，哪些应该继续接受高一级教育以成为管理者和专业人员。这样的体制是用来让孩子掉队的。相反，在信息时代社会，更多的学生需要得到更高水平的教育。

　　这就要求教育系统从聚焦分类转向聚焦学习。因此，学生的学习进度必须根据其进步大小而不是时间多少加以设定。这就需要以个性化教学代替标准化教学，生本中心教学代替师本中心教学，并且还需要对"潜在课程"进行变革，从关注服从被动和忍受无聊的任务到关注主动创新、问题解决及批判性思维。如果不进行这样的变革，中国要在信息社会的经济竞争中取得成功就会很费力。本书呈现了令人信服的证据证明了范式变革是满足以上教育新需求的唯一途径，如同从蜡烛到电灯这一照明系统的变革一样。不过，范式变革的实施难度要远远超过一般的改革（片段零散的变革）。因此，中国应如何驾驭范式变革呢？

　　有两种类型的知识可以用来帮助中国的学校系统转变范式：一种是结果的知识，另一种是途径的知识。有关范式变革结果的知识，就是要勾勒出信息时代下生本中心范式的模样；有关范式转换途径的知识，就是要探索如何帮助学校系统转变为新的范式。本书详细描述了有关教育范式变革的结果和途径的现状。

　　中国教育体制受自上而下的官僚科层控制根深蒂固。这一点其实跟美国的教育系统很相似，只不过在美国是由州政府层面而不是由国家层面对教育进行控制。这是一个主要的差异，除此之外，大部分范式变革的方法在美国能奏效在中国也能奏效。有一个特别有用的策略是创建一个区别于国家、省及地方教育系统的完全独立的平行教育系统。在这个平行系统中，教育行政部门的功能是服务于学校而不是控制学校。本书对该策略进行了详细说明。

　　本书第一章中作者提供了有说服力的证据说明了范式变革的必要性。在第二章中作者为提供一个富有启迪的信息时代教育范式之愿景，涉及了基于脑科学的新教育学、教师的专业角色、技术的核心作用以及学生与家长如何发挥更加主动的角色。在第三章中作者讨论了三个范式变革的案例——学校、学区和示范学校，这些案例已经实施了新范式的多方面特征，同时提供了效果证据。最后，本书第四章阐述了从工业时代学校系统向新范式转变的方法，第五章讨论了州政府和联邦政府在范式转变中所起的作用。

2013年10月本书获得了美国教育传播与技术协会系统变革部"年度杰出图书奖"。期待中国的读者喜欢这本书，希望中国的教育改革能够从本书提供的理念和案例中获益。

查尔斯 M. 赖格卢特（Charles M. Reigeluth）

詹妮弗 R. 卡诺普（Jennifer R. Karnopp）

2014年8月23日

前　言

与其他国家的同龄人相比，美国中小学的学生并没有达到较高的学业标准。其实这已经不算是什么爆炸性新闻了。近几十年来，国家督导小组和一些独立的专家学者一直在发布相关的数据和报告，如《国家处在危机之中》（由全国优质教育委员会于1983年发表）和《美国教育改革和国家安全》报告（由对外关系委员会于2012年发表），其内容都是在严厉谴责美国学校的现状。

自从20世纪60年代前苏联人造卫星发射上天以来，美国教育部（会同美国50个州教育部门及许多私募基金会一起）已经投入了数十亿美元进行中小学教育改革，然而，数十年过去了，美国的公立学校仍旧不能满足大多数学生的教育需求。很明显，目前的教育改革措施是失败的。

本书探讨了为什么目前的教育改革措施会失败以及我们需要什么样的措施才能达到改革的目的。我们特别关注了：美国现有的教育结构以及该结构需要怎样进行变革才能满足当前及不久的将来学生的学习需求。我们探讨了教育改革的两个方面：从幼儿园到高中的教育系统应该是怎样的，以及怎样帮助当前的教育系统据此作出自我转变。

本书第一章探讨了随着工业时代向信息时代迈进，社会发生了哪些根本性的变革，并进一步说明了学生和社会的教育需求应如何作出改变以适应这种转型。本章还指出了需要变革教什么（教学内容）和怎么教（教学方法）。不过也许更重要的是，我们提供了一些证据以证明美国教育体制的基本结构已经需要淘汰了——如果继续用它来满足新的教育需求，其结果将会适得其反。

本章还提供了一些证据以证明当前的教育体制本来就是让儿童掉队的，我们应该如何才能做到改弦更张——降低教育成本，发挥最大学习效益——以满足信息时代新的教育需求。

第二章先分析了工业时代和信息时代标志性的特征差异，再据此呈现了一个既能满足学生的教育和发展需求，又能满足当今社会需求的教育系统新愿景——其成本效益远远高于现有的教育系统。本章还详细介绍了六个核心理念，激发大家去思考教育应该是怎样的：（1）重在成绩达标；（2）生本中心教学；（3）扩展课程视界；(4) 转换各自角色（包括学生、教师和支持学习的技术）；(5) 培育学校文化；(6) 组织/激励结构变革。接着，本章还指出了当前教育系统中那些不利于学生学习的特征。本章最后还提出了教育新系统的成本效益情况。

第三章重点讨论了三个改革样本，这是从上百个已经采用了第二章所设想的教育新系统中脱颖而出的，包括了一所学校、一个学区及一所国际示范学校——并讨论了这三种体制是怎样落实了第二章介绍的六个核心理念，各自的效果证据如何。本书附录A中列出了许多类似的学校。

第四章论述了从小型规模（单个学校）、中等规模（学区）和大型规模（州系统）三个层次上，如何转变现有的学校以及如何设计新的学校，以实现信息时代的教育体制。本章还提出了若干改革的原则，这些原则可以用来指导各个转变过程。本章还通过一些"开放性问题"进一步探讨了影响改革成功的一些因素。

第五章提出了联邦政府可以发挥的若干作用，用以加速学校系统的转变：支持开发一种新的技术工具、引领最佳实践、提升州政府促进改革的能力以及开发有关范式变革过程的知识。这四种措施都应该用分阶段的方式予以实施。

本书各章结束前还有一份相当详细的小结。我们建议读者可以通过访问网站www.reinventingschools.net查阅更多的信息。非常欢迎读者通过该网址在我们的博客和脸书页面上一起交流。

致 谢

我们要特别感谢 Jenny Brown，是她为本书英文版做了精美的编排。我们要感谢 Sinem Aslan、Doug Doblar、Pratima Dutta、Yeol Huh、Dabae Lee、Kurt Richter、Sunnie Lee Watson 和 Bill Watson，感谢他们在阅读书稿时提出的宝贵意见。我们还要感谢远见教育学校的 Doug Thomas、楚加奇学区的 Bob Crumley 以及伯明顿蒙台梭利学校的 Kathy Frick，他们仔细核对了本书中所介绍的各自学校的相关信息。感谢 Minkyoung Kim，她为我们设计了本书英文版封面。最后，我们还应该感谢 Alvin Toffler 以及其他作者，本书引用了他们有关在社会和教育系统中进行范式变革的非常有价值的观点。

第一章 基础性变革面面观

美国的教育体制之所以受人诟病，原因有很多，包括：
◇相比于其他国家，美国的学生表现较为平庸；
◇大量的学生和学校在标准化考试中得分较低；
◇不能为学生升入大学做好充分的准备；
◇对科学、技术、工程、数学等学科不够重视；
◇许多弱势儿童所受的教育质量极不平等。

近几十年来，政策制定者和教育工作者试图通过学校改革来解决这些问题，但结果几乎都是令人失望的。他们所用的改革方式都是在原有的教育系统基本结构上进行的。那么，这一基本结构会不会正是问题的根源呢？

第一节 只满足少数人的需要

我们认为大多数美国学校所设计的教学不能满足学生的教育需求。这个说法听起来让人很不可思议，果真是这样吗？学校怎么可能不为学习而设计呢？这难道不是学校存在的全部意义吗？

让我们看看当前教育系统的模样：
◇一个班里所有的学生必须在同一时间内学习同样的内容。教学进度则由班级里中等生的学习情况来决定。
◇对于所教授的内容，慢生不可能全部掌握，这样就形成了学习差距，而这个差距会影响这部分学生的后续学习。
◇测验的主要目的是比较学生之间水平的高低，而不是用成绩达标标准衡量学生的表现。
◇教师通常会控制学生进行测验的时间，以避免出现"分数虚高"的情况，这也就更容易让优生从差生中脱颖而出。
◇学生成绩报告单只记录他们学过什么课程和进入到了几年级，并没有呈现学生实际所学的内容或仍需要继续学习的内容。

下面是各方人士对当前的教育状况所吐露的心声：[1]

萨曼沙（Samantha），一位才智聪明的高中生：

我对学校感到厌倦。我无权选择学习的内容。我想学的东西很多，但在学校我却不得不学一些无用的东西。学校不教那些对我来说很重要的内容，所以我经常通过谷歌在家自学。在学校我只要求能通过就行了。

杰里米（Jeremy），一位学业失败的初中生：

我讨厌学校，有些同学对我很不好。上学唯一的好处就是可以见到我的朋友。大部分老师教的内容我都不是很理解，并且像……嗯，大部分时间我都在走神，而且老师也不是很在乎我。

罗伯特（Robert），一位七年级教师：

我之所以选择当老师，是受了我以前七年级老师帕克（Parker）先生的影响。他非常关心我并鼓励我表现出色。我真希望能遇到更多像他这样的好老师，所以也决定要成为一名老师。但我现在真的很失望。我有124个学生，而每天只有一节课40分钟的见面机会，要想好好了解他们可不是一件容易的事情。当大家刚开始熟悉时，他们却又该升入八年级了。另外，我还要花大量的时间帮助他们应对标准化考试，这样就没法教给他们那些能真正使其感兴趣并能让其生活发生变化的东西。我要把未完成的工作带回家做，但家里还有两个孩子。孩子和学生让我左右为难。我真是感到精疲力竭。现在我很羡慕有一份朝九晚五的工作，但此时也不是找工作的好时间。

萨拉（Sarah），一位家长：

我有两个孩子，女儿上一年级，儿子上四年级。我儿子做事很有条理，当给他确定具体任务和最后期限时，他能做得很棒。但我很担心女儿艾丽西娅（Alicia），她还生活在她自己的世界里。她做任何事都需要花很长时间。但她真的很聪明，也很有创造力。她读了很多书，也会算一些简单的加法。她不喜欢别人催她。她喜欢把事做得很完美，也享受完成一件事带来的满足感。但是还没等她做完老师就催着她交作业，她对此感到很难过。我担心她以后会因此讨厌学校。更糟糕的是，她可能会讨厌学习。尽管老师和校长看上去都彬彬有礼，但这不管用啊。我真希望自己有更大的影响力去改变女儿接受教育的方式。

史蒂文（Steven），一位公司主管：

我非常关心学校。我自己做制药生意，但我发现公司雇佣的年轻人越来越缺乏主动性和职业道德。并且，雇员的解决问题能力和团队协作能力也很不足，我很失望。我曾与学校主管部门讨论过这些问题，但好像一切如旧，毫无作用。

一位州议员：

我们的学校必须具有更强的全球竞争力才能使经济更快发展。既然学校自身改革动力不足，那么我们就需要迫使他们进行改善。我们已经制定了更高的标准，并且还向他们施加压力。然而六年过去了，我担心这根本不起作用。我不知道我们还能做些什么。

显然，当前的学校是不完美的。那么，我们为什么会认为美国的学校不是为满足学生的教育需求而设计的？首先，我们先来看看事实上每个人——包括教育工作者、家长，甚至是学生——都认同的事情：每一个儿童都是以不同的速度和方式进行学习的，并且每个人的学习需求也有差异。然而，通常学校的做法是，在规定的教学时间内教授预先确定的、数量刻板的内容。

在这种刻板的集体学习结构下，每个班级里像杰里米和艾丽西娅这样的慢生，就会在他们掌握目前所学的内容之前被迫匆忙学习后续内容，他们在浪费时间的同时也在拉大与班上同学的学习差距，这使得后续学习对他们来说更加困难。与此同时，像萨曼沙这样的快生会感到厌倦并产生挫败感，他们在等着全班同学学习进度的同时也浪费了自己宝贵的时间。其他同学急于赶进度，实际上恰恰是在拉快生的后腿，这就浪费了社会和企业非常需要的才能。

第二节 满足全体学生的需要

为了满足全体学生的需要，教育系统必须让每一个人都得到持续发展。既不能强求慢生在学懂弄通之前就急匆匆地跟进，也不应让快生慢吞吞地等着别人而耽误了自己发展。学校可以从"童子军"那里得到一点提示。"童子军"是一个知道如何确保大家都掌握实用技能的组织。当完成一项任务时，大家都会获得荣誉勋章，然后便继续为下一枚勋章而努力。每位学生通过等级评定而不断进步，等级不是根据他们所花费时间的多少，而是参照所获得的成就来定。

只看时间来定学习进度快慢，使得学生的学习成绩发生了分化——导致一些学生被甩下来。此时时间是常量，学习是变量。另一种方式是依据成绩达标来衡量学习进度快慢，此时学习变成了常量，时间则是变量。这就为学生达到能力标准提供了足够的时间量。为学习而设计的系统有以下两个特点：

◇学生在未达到某一标准之前不强迫他学习新内容。

◇允许学生一达到标准后就继续学习新内容。

这是一个巨大（大胆）的变化——是一种范式的变革。它是真真切切的基于标准的教育方式转型，与预期所有学生能在同一时间内达到同一标准的教育体制形成了鲜明的对比。

取消卡内基单位

"卡内基单位"也称为"学时"，是19世纪早期设立的用来衡量学生学习的标准。在高中阶段，每一卡内基单位代表120小时的学习时间或与老师接触的时间。卡内基单位是衡量中小学和大学各种课程学分的标准，它本是用来体现学生学习的总量，但实际上只表示了学生坐在教室里的时间。

卡内基教学促进基金会，即卡内基学分的首创者，于2012年获得了资金，以探索除时间之外其他衡量学生能力的方式。

从这一资助项目中，我们愈发认识到将基于时间的学生学习进度转变为基于学生学习的学习进度的重要性。此外，用一个真实的衡量方式代替卡内基单位，能够加快教育向为学习而设计转型。

什么是"范式"？

"范式"可以用在各种各样的主题上，如：

光：其范式包括火焰（蜡烛和鲸油灯）、电灯泡、发光二极管（LED）。

交通工具：其范式包括步行、轮船、马车、铁路、汽车和飞机。

家庭：其范式包括部落家庭、延伸家庭、核心家庭、单亲家庭、双职工家庭。

教育：其范式包括单间校舍、当前基于时间的学校工厂模式、基于成绩达标的系统。

零散片段的变革：指单个范式内的变化。

范式变革：指从一个范式转变为另一个范式。

尽管聚焦学习的范式体现了美国学校的大胆变革，但对大多数人而言这一范式很可能是非常熟悉的——不只是童子军。人们自然而然的学习方式就是如此。比如在玩电脑游戏的时候，玩家必须持续打通本关才能解锁下一关。在晋级更难的下一关前先掌握前一关的玩法，这样才会有意思。在未掌握所学内容前继续去学习新内容注定会失败，但这就是当前基于时间的教育范式结构中的固有部分。如果我们真的希望学校能教好每个孩子，那么每个孩子必须在继续学习下一阶段

的复杂内容之前先掌握前一阶段的技能。

第三节　为过时的就业需求培养学生

有人将当前中小学存在的问题归咎于教师："正是有如此糟糕的群体，教育才搞不好。"有人责怪校领导："我们只是需要一个更好的校长来负责。"有人批评家长："家长没有管教好自己的孩子，没有让他们好好写作业。"还有人责怪学生："他们又懒惰又不在乎学习。"

如果用心想一想就会发现：大部分的问题指向于教育系统的结构，而不是其中所涉及的人。如果一个教育系统能够为学生以后在社会上成功立足做好准备，那么这一系统必须能反映社会实际运作的现实。

我们当前的学校教育范式通常称为"工厂模式"，它大约发展于1830年至1960年的工业时代。当时工厂劳动已经取代了农场劳动成为美国人最普遍的谋生方式。

在工业时代之前，最早先是"采集/狩猎"的时代，整个部落都要担负起教育年轻人的责任，教育的主要任务是提高他们生存的几率。再想想"农耕时代"发生的变化，大多数人都在农场生活和劳动。此时在单间校舍里进行的个别辅导教学和学徒制代替了早期的教育形式。孩子们需要掌握基本的数学与阅读技能才能在农场里发挥作用。这时没有年级划分，没有课程，也没有标准化考试。在这样的社会里需要的是基于学习的教育体制，而不是在固定的时间里按固定步调进行教学。年纪大一些的孩子经常帮助年幼的孩子。

现在来看看工业时代。在交通运输系统方面，铁路代替水路成为最主要的货运方式，马车也让步给了汽车。在工作地点方面，工厂作业岗位在数量上远远超过了农场劳作。在通信方面，电报、电话和广播代替了街头公告员和驿马快信。在教育系统方面，单间校舍转变为按具体年龄和年级划分的工厂式学校，直至今日仍是这样。

> **社会变革的浪潮**
>
> 阿尔文·托夫勒（Alvin Toffler）认为，引起社会各部门发生巨大范式变革的浪潮，主要有三次：
>
> 农业革命将社会从"采集/狩猎时代"转向"农耕时代"。
> 工业革命将社会从"农耕时代"转向"大机器制造时代"。
> 信息革命将社会从"大机器制造时代"转向"知识劳动时代"。
>
> 托夫勒描述了每一次浪潮是如何给生活的各个方面带来巨大变化的，包括他所称的技术领域（生产和分配财富）、社会领域（个体角色分工）、信息领域（分配信息使得其他领域得以运转）和权力领域（行使权力）。
>
> 每一次社会发生转型，教育也会随之发生范式的变革。

为了使孩子们能适应工厂劳动，学校需要教他们遵守规定和纪律。学校最重要的课程并不是那些显性课程，而是"潜在课程"——《第三次浪潮》的作者托夫勒称其为"隐蔽课程"。这类课程的有关内容有以下几个方面：

◇服从：叫你做什么就去做什么（坐好了并保持安静）。

◇守时：按时完成任务。

◇有毅力：习惯于做无聊的重复性任务。

◇标准化：和同伴保持步调一致，在同一时间内用同种方式学习同样的内容。

在工业时代，大部分人都在流水线上工作，一遍又一遍地重复着不需要动脑的任务。雇主不需要也不希望雇员有活跃的思维能力。因此，也就没必要把全体学生都培养成出类拔萃的人；而且这对于许多公立教育体制来说代价也过于昂贵。

雇主真正所需的是让教育系统培养出大量能适应工厂劳动的学生，只要筛选出很少一部分准备继续接受高等教育的学生使之成为管理人员和专业人员。工业时代的教育体制符合当时的社会需求，它非常高效率地将学生进行分类，哪些人适合做体力劳动，哪些人更适合从事管理岗位或者做专业工作。

从根本上来说，工业时代所设计的教育范式只是让少数孩子不掉队。如果我们固守工业时代的教育范式，并采用该范式下基于时间的学习，即学生还没有学会弄懂（即达到标准）之前便强迫他们去学习新的内容，那么我们的《不让一个孩子掉队》法案就绝不可能取得成功。

评等分级制度也体现分类的功能。通常教师会按"正态分布"进行等级评定，然后根据该组在测验中的表现结果调整学生的测验等级。这意味着有些学生得"A"有些得"F"，而不管其实际的正确率和错误率究竟是多少。这一评价方式在一些领域中就是我们所知的"常模参照"测验（见"测验的范式"专栏）。

在工业时代初期，整个教育范式因为社会巨大转型而发生变革——从聚焦农作转向聚焦工场——这就导致了教育需求的根本变化，这些需求包括了潜在课程和高级读写计算技能。

测验的范式

常模参照测验意在对学生进行比较。所得到的成绩表明了学生与班上其他同学相比的表现情况。因此，同样是在生物一门上得"B"，但学生的实际学业水平在不同学校可能相差甚远。

相比之下，标准参照测验意在检验学生能力是否达到了一定标准。该成绩表明了学生对于所学内容的掌握情况。

当前的美国正处于后工业社会，这与工业社会运行的基本方式很不相同。两者之间的差异是如此之大，我们的教育需求是否也会因此发生根本性转变呢？如果真是这样，那么我们将需要再来一次教育的范式转变。

第四节 探求信息时代的真谛

在工业时代，一个国家的工作和教育需求是由当时占主流的技术决定的：即机器大生产。工业时代的核心特征包括标准化、统一性、对手关系、科层制度、独裁领导、中央集权、被动服从、专业服务和门类化。在本节中我们将对这些特征逐一作出探讨，并进一步厘清它们与现时基于信息的社会究竟有何不同——这些变化对教育和为未来生活作准备究竟意味着什么。

从标准化到定制化

在工业时代最鼎盛的时期，美国工厂里的工人数最多，整个社会被大批量的生产（流水线）、大众媒体（报纸，广播和电视）和大规模市场（通过大众媒体做广告）所覆盖。标准化是当时社会系统的固有名称。

> **重新定义成绩差距**
>
> 成绩差距即通常所认为的高水平和低水平学生之间的差距。这反映了工业时代的看法，目的是使所有学生在同一时间内达到同样的能力水平。由于学生的学习速度是不同的，因此就不可避免地阻碍了快生的进步。
>
> 在信息时代的思维中，成绩差距是学生已经学了多少与他们可能学多少之间的差距。教育公平的最高目标就是让所有学生都发挥出他们的潜能。这才是"不让一个孩子掉队"的应有之意。

亨利·福特（Henry Ford）曾对福特T型车有过这样的评论："你可以想要自己喜欢的颜色，但是车要黑色才好。"然而现在，潘多拉式的个性化广播成了信息时代的缩影，它根据每一位听众的喜好定制歌曲。今天的消费者要求定制的产品符合他们的个人需求和喜好。手机、脸书和推特为个性化交流提供了日益强大的工具。你上网时留下的"信息记录程序（cookies）"为公司洞察定制市场提供了帮助。我们生活的方方面面及整个工业中，"标准化"都已被"定制化"所取代。

但是"定制化"在学校却不常见。同一个班里的学生仍然需要同时、整齐地学习同样的内容。并且，所有老师也是同时接受同样的专业化发展培训，而他们是否已经学过，或培训的内容是否与他们的需求有关（尽管随着信息时代的深入，这种情况已经有所改变），这一点却很少有人会去考虑。标准化考试更趋向于对同一年级的所有学生就同一能力在同一时间进行评估。大多数美国的公立小学和高中至今仍然是标准化的而非定制化的。

从统一化到多样化

在20世纪30、40年代工业时代的鼎盛时期，大部分人都试图能够做到千篇一律，不分彼此。如果你看一下这一时期繁忙的城市街道图片，就会发现很多人有着同样的穿着打扮，开的车子看起来也一样（都是黑色小轿车！），就连发型也一模一样。当然，今天大家都已经完全改头换面了！现在你看到的人，在穿着、车子和发型上都大不一样。在生活的诸多方面，"统一化"已经被"多样化"所取代，尤其是学术领域和职场领域更是如此。现在的雇主将拥有不同观点与掌握多种技能视为巨大的优势条件。

同样的，当前教室里的学生比以往任何时候都要多元化。因此，每个人有着不尽相同的学习方式和学习速度。这样很好啊，因为职场要求人们掌握更多不同种类的技能。尽管最近人们热衷于"差异化教学"和"反应干预法"(RTI)，但是，大多数的美国公立中小学仍然只是聚焦于统一化：老师希望的是同一个教室里的所有学生都能同时以同样的速度开展学习，而不是欣赏并促进学生的多样化发展。

从对手关系到合作关系

人们经常把竞争与合作看成是非此即彼的。然而在当今社会，并不是有竞争就没有合作。与之前的社会相比，信息时代的竞争也同样重要同样常见。如果说有差别的话，那就是信息时代的竞争在全球市场和消费者更多元化选择的情境下得到了进一步强化。不过，在信息时代，如果想要成功，对手关系还是要让位于合作关系。

例如，在工业时代，罢工是很常见的一件事情：工人和雇主的关系是典型的对抗关系。时至今日，罢工少了许多。因为知识劳动已经取代了手工劳动成为最普遍的工作方式，企业也认识到他们最宝贵的资产是雇员所掌握的知识。有能力的知识工人就更不容易被代替，因此，企业也日益增加用于员工专业发展、与员工建立信任关系、善待员工方面的投资比例。仅2010年一年，私企在员工培训上就花费了528亿美元。[2]

对手关系在工业时代的学校中也很普遍。那时教师罢工相当常见，师生之间——直到现在仍然是——被认为是典型的对抗关系（至少多数学生认为是这样的），就像弗瑞斯·布依勒（Ferris Bueller）的电影《春天不是读书天》及歌词里反映的那样："老师，别管那些孩子了。"事实上，某些教师甚至故意对学生隐瞒信息，以此来看谁能自己得出答案。

同时，拥挤不堪的教室加剧了对抗的氛围。高中教师一学期通常要教100至150个学生。一次上课40分钟，25~30个学生一批。在这样的情况下，教师不可能叫得出每一位学生的名字，这也使得师生之间还是以对抗（而不是合作）关系为主。

那么教师和家长之间的关系怎样？在工业时代教育体制下，尤其是在教师与学生、教师与行政者的关系中，通常也是对抗性的。很多家长感到自己并不受孩子所在学校的欢迎，而很多教师则因缺乏家长参与或支持而苦恼，尽管这种情况在某些学校中已经开始有所转变。在当前教育体制下，学校董事会和行政管理者之间的关系也通常是对抗性的。许多学校董事会都会通过严格的监管进行微观管理，而这恰好说明了他们对学校行政人员的不信任。

工业时代的某些特征在某些方面正发生着改变，但不幸的是在全国范围内，还是有很多学校体制大体上仍然以对抗关系为主，而不是更富成效的合作关系。这样下去，教育系统的功能将日益失调，直到学生、老师、家长、行政人员和管理机构之间的核心关系从对抗转为合作。

从科层到团队

官僚科层是工业时代最普遍的用于制定决策的组织结构。但在科层体制下每做一个决策都异常缓慢，因为下情上达与上情下达都要花费很多时间。不过在变革的步调相对较慢时，这一体制确实运转良好。但是在如今这个全天候都能即时交流的社会，情况就不一样了。信息时代给市场带来了急速变化，因此反应较慢的公司在生死攸关的竞争中将处于不利地位。为了能够更加灵活应变，企业开始考虑组建相对自治的团队，他们有一定的权利自己做决定，但需要为自己的绩效负责。

同样的，工业时代教育范式的特征（直到现在）是把各个学校合并为大学区，并通过科层体制来管理。这样，教师在面对教室里日益多元化的学生时，就很难对其变化着的需求做出迅速反应。追求校本管理、共享决策权和团队教学的运动反映了对科层教育体制的日益不满，我们需要效仿工商企业的做法，将现有的科层组织转变为基于团队的组织。

从独裁专权到共享领导

科层组织往往容易变得独裁专权。这一结构假定在科层最高位置的人是最有资格为整个组织制定出良好的决策。当一线工人所做的工作都非常简单的时候，这一体制运转良好，但现在情况已经变了。对于复杂且变化迅速的知识工作来说，一线工人往往是最有资格对产品设计、生产、市场营销做出批判性决策的主体。决策权和领导力共享的组织，比那些结构更传统的对手有着极大的优势。

同样的，在教育界，随着学生群体的日益多元化，用以支持学习的技术工具更加复杂化，为学生定制学习进度的需求也日渐增长，这一切都需要共享决策权时代的到来。教师、家长和学生自己以前从未参与有关教与学的决策，共享决策则可以使他们从中大为获益。

从中央集权到自主履责

科层组织、独裁领导和标准化都是中央集权控制的强有力工具，它们彼此有机地相互联系、相互支持。标志性特征之间的相互依赖是任何范式所固有的。但我们却可以在自治条件下实行科层制度和独裁领导。因此这一点是与其他特征不相同的地方，尽管它们之间是相关的。要在一个大系统进行中央集权，就要用科层制度，然而科层组织运作太慢，以至于不能有效地应对逐渐增长的变化速度，这才是日益严重的问题。

基于团队的组织要求分散式控制，或者称之为"自治"，但是团队也必须为自己的业绩负责。根据托马斯·马隆（Thomas Malone）说的那样，工作场所正在从"命令和控制"的氛围转变为"协调与培养"。通过以下思考你就会知道这意味着什么，取消中层管理，并用那些有高度自治权并需要为自己业绩负责的团队来代替中央集权控制层，以实现公司重组。

美国公立教育体制仍然是中央集权特征的。系统越庞大，权力越集中。但是在一个大学区里，不同学校所在地区的人口特征有很大的区别，因此就会有不同种类并带着不同需求的学生。在以前，平等意味着对所有学生一视同仁，但在目前高度多元化的背景下，平等则要求人们根据学生的不同需要区别对待。让教育工作者根据个体需求因材施教，中央集权是难以做到这么灵活的。校本管理、共享决策权和特许学校这类运动，均反映了人们已经认识到了要让学校在管理方法上有更多自主权、在结果上负有更大责任的需求。

从被动服从到主动创新

在工业时代，对那些在流水线上作业的人来说服从命令是至关重要的。在学校里，被动服从是"潜在课程"中的重要部分，教师要求学生坐好及保持安静，并只做那些要求他们做的事；在这样的教育体制下，没有按照要求做的学生是难以取得成功的。

一位在印第安纳州里士满开设了一个模具公司的校董成员提及，以前他会雇佣那些高中辍学的学生，只要告诉怎么使用车床，他也许就能把工作做好了。现在他则说，他需要的雇员不仅要能出色地制作高质量模具，并且还要具备良好的沟通能力与解决问题能力。[3]这些雇员要能主动地去解决问题并改进工作方法，而不是只会坐等别人去告知他要做些什么。

要让学校的潜在课程从被动服从转变为自我指导并主动创新，就必须使教育体制的结构也作出根本性转变。

从专业服务到自我服务

在工业时代，服务员为你加油，门童为你搬行李，会计为你报税，如此种种。如今，技术让这一切变得更加简单，通过技术你可以自助加油、自助搬运行李箱、自助报税、自助检查货物、自助完成银行交易，如此等等。自我服务在诸多领域都已经成了很寻常的事。与此类似的，托夫勒曾指出信息时代下的"产销合一者"，即是指那些既是物品的生产者也是其消费者、既是服务的提供者又是其受用者的人。例如，"维基百科"就是一种用户创作的百科全书，使用者可以更新其内容，并且上面的所有内容也是免费开放的。

在教育中，即便通过一般的互联网尤其是借助谷歌，已经使得自学变得更加快捷、更加容易，并且比几十年前普遍的DIY书更加便宜，但目前的学习主要还是由专业人员（教师）向学生"传递"。开放教育资源是网上免费的、自助的学习工具，它们可以让人们学习到几乎所有的内容。不用花钱就能获取有价值的资源，这对教育来说影响重大，但在当前的一些学校里，这些工具仍不够普及。大部分学校严格限制因特网的接入，学生只能在有限的时间里在少量的电脑上访问小部分网站。

从门类化到整体化

科层组织的一个共同特征是分拆为各个部门。企业一般都有研发、生产、市场、销售、财务和采购等部门。同样的，政府、医院、大学甚至大型律师事务所也都由各部门组成。地方性学区也遵循这一模式。在一个大学区的中央办公室里设有不同的部门，甚至连学习的内容也通常被划分为不同的学科领域（数学、科学与社会），这样的划分并没有考虑现实世界的跨学科性质。

然而，就像商界专家迈克尔·哈默（Michael Hammer）和迈克尔·钱姆皮（Michael Champy）指出的那样，企业发现通过"重新设计"进程就能极大地提高其效率和效益。重新设计进程一般包括：(1) 成立一个"项目团队"，其成员来自各个部门，这样该团队就拥有了全部所需的技能；(2) 让这个团队协力实施整个过程。这样就极大地缩短了时间，并减少了错误的几率、重复劳动和整个过程的开销。哈默和钱姆皮发现，一个由项目团队操作的进程（往往是整体的）通常要比所取代的流水线上（往往被划分为各个门类）的操作快十倍，并且差错也更少。

信息时代下，学校要为每个学生重新设计教育过程可以有多种方式。一种是创建一个由所有学生的老师组成的项目团队。另一种是让一位老师担任一位学生在校期间所有年级段的导师兼指导者。部分创新的范例可以参见第三章。

信息时代远比工业时代复杂。这个复杂性适用于几乎所有的社会系统：经济、政府、商业、金融、卫生保健、交通运输、通信，当然，还有教育系统。要解决当前问题就必须先对"系统动态性"有一个理解；人们需要知道事物是如何内在相关的。一个整体的或系统的世界观有很大的优势。而门类化只适用于一个更简单的机械时代，对今天来说就不适用了。机械思维经常导致产生一个非此即彼的（还原主义者）视角，而系统思维则提供了一个两者兼而有之的（扩展主义者）方式。

表1.1列出了工业时代和信息时代的主要区别。这种一一对应的比较突出显示了教育范式转变的一般方法，正是通过范式的转变以满足当前学生、组织和社会的需要。

表1.1 两个时代标志性特征对比

工业时代	信息时代
标准化	定制化
统一性	多样性
对立关系	合作关系
科层组织	团队组织
独裁专权	共享领导
中央集权	自主履责
被动服从	主动创新/自我指导
专业服务	自我服务
门类化（劳动分工）	整体化（任务统筹）

第五节 学生教育需求的转变

表1.1中列出的有关两个时代标志性特征的变化已经深刻地影响了学生的教育需求，以下是一些学生需求上的主要变化：

1. 知识劳动。知识劳动已经取代了手工劳动，成为当前最普遍的工作形式，就如同工业时代的手工劳动取代农场劳动那样。这意味着与五十年前相比，美国要想与其他国家（如印度和中国）的知识工人竞争，那么，则需要让更多的学生接受高等教育。在2004年，美国大约有7万名本科毕业的工程师，印度有35万，中国有60万。在"扁平"的世界里，毕业生在全球范围内与知识工人竞争，只有那些准备最充分的才能拥有最高标准的生活。

2. 复杂性。所有东西都变得比工业时代和农耕时代更加复杂。金融体制、通信系统甚至娱乐方式，都同以往大不一样了。试试去朋友家看看他们的电视就知道了！要在当今社会有所建树，就必须接受更高等的教育——一种与工业时代相比完全不同的教育（如培养高层次思维和解决问题的技能）。

3. 系统思考。要让公民教育更加有效，系统思考及对各种系统中动态相互关系的理解至关重要。但是，当前的教育体制不但与现实世界相去甚远，还将之划分为各种各样独立的学科领域，忽略了彼此之间强有力的相互关系。例如，影响美国的汽油消费有很多因素：国际原油价格、气温高低、汽车油耗大小、对全球变暖的态度、替代能源的可用性、燃油消费税，等等。只聚焦问题的某一方面只能得出一个顾此失彼、捉襟见肘的答案。

4. 多样化技能。在工业时代，学校教授给每个人的东西是一样的，这样做基本上已经管用了。然而，在劳动市场上所需求的知识和技能种类越来越多样化的今天，仍旧只让学生掌握千篇一律的技能则无济于事。相比于强迫所有人去学习同样的内容来说，根据每个人的特点培养不同的才能，将会更好地满足其自身的需求和其所在社会的需求。这与把学生筛选分类的做法是完全不同的。因为筛选分类的前提是让所有学生用同样的速度学习同样的东西，这样一批慢生就被淘汰了。现在，则要求根据每一个人的才能和兴趣的差异，实施因材施教。当然，很多共同的知识仍然是不能遗漏的。

5. 合作。企业及其他组织都要求雇员们能够适应团队工作、善于沟通并能解决各种冲突。在工业时代，潜在课程中包括了不少这样的内容："不能搞合作，合作就是作弊。"如果学生在学习上彼此帮助的话，那么就很难进行互相比较了。在信息时代，潜在课程必须培养合作能力。

6. 主动创新。雇主需要的是那些能主动地识别问题并解决问题的人，即使在大机器制造环境下也是如此。在工业时代中，潜在课程的不少内容是"坐好了，大家保持安静，专心致志完成自己的任务，不要多管闲事"，被动服从就是好样的。在工业时代中，这样做确实也情有可原，因为在流水线上及科层组织体制下，企业需要的是被动服从的品性。但是，作为一名知识工人，需要的是主动创新和自我指导。

鉴于这些新的教育需求，每个人都需要更高水平的教育以获得高质量的生活。为学生筛选分类而设计的学校体制，已经不再适合当前的需求。如今，为确保让每个孩子都能发挥出自己的潜能，而不是给大多数的学生只提供很有限的学习机会，就需要一个完全聚焦学习的模式，这一点至关重要。在当前这个复杂的竞争性社会里，那些能培养系统思维、问题解决、多元技能发展、合作和主动创新的学校，远比当前范式下的学校更能让学生感到幸福并具有生产力。

不要让这些理念停留在口头上。这些新的需求量是如此之大，以至于跨国公司和教育组织在"21世纪技能联盟"中协力同心，共同确定如何才能满足这些新的需求。另外，美国劳工部（达成必须技能秘书委员会）、国家教育和经济中心（美国劳动力技能新委员会）及全国公立教育学校董事会等所做的调研表明，一致同意这些新技能对当今美国社会至关重要。

在我们的教育系统中，常用的是零散片段的变革，这就容易使我们忽视范式的变革。范式变革对我们来说是不熟悉的，具有更大的挑战性。在"采集/狩猎"时代，范式是整个部落的教育（"一个村落养大一个孩子"）。在农耕时代，范式是单间校舍、采用的是学徒制或个别指导教学。在工业时代，教育范式就成了学校工厂模式。每一种范式都有其标志性的特征，并服务于它存在的世界。

从更大的视角来看，随着我们进一步深入扎根于信息时代，我们有理由相信：范式变革必须也最终将发生在教育领域。一套过时的教育体制不可能为学生在现实生活取得成功做好充分的准备，不论：

◇ 用于教师培训以让他们学会已经过时的技术的投资有多大；
◇ 学生参与标准化考试的风险有多高；

◇学生与教师的比例有多低；

◇特许学校和教育券对公立学校造成的竞争有多激烈；

◇教室里整合了多少技术。

如果所设计的教育系统阻碍了最聪明学生的进步，甩掉了那些需要更多时间学习的学生以及还让所有学生都在为已经不存在的世界做准备，那么它就不能继续成为占主导地位的教育范式。

信息时代下教育范式的样例已经初见端倪（见第三章），只是它们还没有成为最普遍的范式，还需要进一步发展。

第六节　理解 S 曲线和范式转变

范式有一个共同的发展模式，即我们所知的"S 曲线"，从 S 曲线就可以看出新教育范式发展到了什么地步。这可能看起来有点儿专业性，但是了解 S 曲线有助于我们把握范式转变的本质及所带来的挑战，这与以往零散片段的变革不同。

工业时代的范式要比农耕时代更复杂，而信息时代的范式比工业时代又复杂许多。就通信系统而言，因特网和手机远比广播和电话复杂得多，反过来广播和电话又比驿马快信复杂得多。至于教育，生本中心的范式远比当前的工厂模式要更复杂，反过来工厂模式又比单间校舍更复杂。

各种不同的系统发展都是会越来越复杂的：生物系统、通信系统、交通方式与教育系统，如此种种。系统的类型（范式）也更加复杂，而这刚好与单个系统退化至更简单部件的过程（称为"熵"）相平衡；这是宇宙中所有系统的阴与阳、创造力与破坏力之间的平衡。例如，信息时代的零售部门已经相当复杂，像亚马逊（Amazon）和好市多（Costco）这样的公司就用了复杂的运营方式及先进的技术。当零售业已经变得很复杂的时候，那些没有跟上发展的单个公司就破产了，例如沃尔沃斯（Woolworth）和服务商品公司（Service Merchandise）。

那么系统是如何发展的呢？我们先来看看飞机的发展情况。在最初的发展阶段，如果按今天的重要标准来衡量，如速度、舒适度、距离、载重量、安全性及可靠性等方面，它根本是不入眼的。但随着时间的推移，飞机各个部件不断得以改进，这样其整体性能也就得到了逐步的提高。到了某一时段，飞机的发展会变得非常迅速，而后随着飞机快要到达性能的上限，发展也就越来越慢。

图 1.1 就呈现了这一发展模式；一般我们把它称为"S 曲线"。起先，一个新系统的性能是低于它的潜在性能的（最高上限），随着它的逐渐发展（见图 1.1，从时间 A 到时间 B），就有了一段快速的提高期（从时间 B 到时间 C），最后在它接近上限时（从时间 C 到时间 D）发展速度又逐渐缓慢下来。这种沿着单条 S 曲线发展的就称之为零散片段的变革或改革。

在工业时代，教育范式有了第一次的发展，即取代了农耕时代的单间校舍（图 1.1 中的时间 A），与 20 世纪 50 年代（图 1.1 中的时间 C）相比，这时学生的学习就处于一个相对较低的水平。从 20 世纪 30 年代到 50 年代（从时间 B 到时间 C）教育改革取得了相当大的成效。但是，过了这四十年后，改革却不再像之前那样有效，整个系统的教育成效没有得到真正的改善。这表明了工业时代的教育范式已经接近了它的发展上限，即使再投入更多的人力物力进行系统性能的改革，也不可能取得预期的结果。

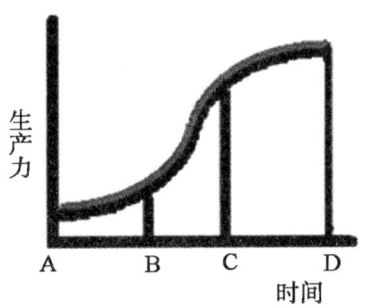

图 1.1　展现系统发展之零散片段改革的 S 曲线

为了使系统性能超越其发展的上限，我们必须转向另一个有着更高上限的不同范式。铁路是大部分工业时代最普遍的交通运输范式，它在 20 世纪 50 年代达到了其发展的上限。[4] 要超越该上限就必须发展另一个范式，即飞机，可以用来代替铁路的另一种交通工具。新的范式是由新的 S 曲线呈现的，也是从生产力相对较低的水平开始的（图 1.2 中的时间 E）。飞机的最初性能要比时间 E 上的铁路低，但它的上限（时间 G），按照速度、距离、安全性和其他标准来看，却比铁路高出许多。

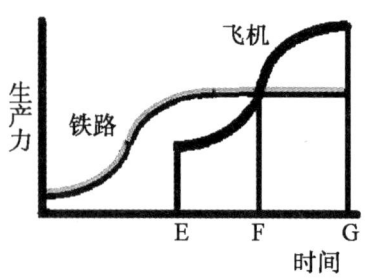

图 1.2 两种交通运输范式的 S 曲线

在教育界,"基于研究的教学方法"最近很热门,但是 S 曲线表明该研究可能会(错误地)引导我们放弃一个充满希望的新范式,如果它早期阶段的发展不能与旧范式相比拟的话。在时间点 F 之前把飞机与铁路相比的任何研究,都有可能会让我们放弃继续研究,而这样的研究就是作为交通运输业上"基于研究的方法",如今教育改革的焦点也是在基于研究的方法上。

从 S 曲线可以看出,工业时代的教育范式已经达到了它的发展上限。当然,我们仍可以用零散片段的变革去改善单个业绩不好的学校,例如用工作效率高的教师换掉效率低的,但同时失去那些高效率工作教师的学校又会降低其业绩水平,因此教育系统从整体上来说并没有得到提高。在目前的教育体制下,即使我们在每个孩子接受整个教育的过程中投入双倍的钱,可能最多也只是让学生学习的总体情况取得小小的进步。

但是,信息时代的教育范式已经达到那个能超越学校工厂模式的点(图 1.2 中的时间 F)了吗?第三章描述的学校和其他列在附录 A 中的百余所学校,都证明了该问题的答案为"是的!"尤其是就评价而言,除了标准化考试,还包括创造力、主动性、合作能力和责任心。因此,我们主张未来的教育投资最好用在实施信息时代的教育范式上,继而开展研发(R & D)使它进一步得到改善。

本章小结

虽然大家一直都在努力地改革当前的教育体制,但并没有取得成功。大部分学校主要还是为筛选分类学生而设计的,并没有保证所有学生都能专心致志地学习。

◇基于时间的学生学习进度迫使慢生在掌握材料之前就继续学习新的内容，这既浪费了时间，也产生了学习差距并使得后续学习更为困难。

◇基于时间的学生学习进度迫使快生在掌握材料后还要等待他人跟进，这样也浪费了时间，同时引发了他们对学习的厌倦和沮丧。

教育必须为学生学习而设计，这就需要一个完全不同的范式。

◇学生的学习进度必须根据学习量（达到标准）来判断，而不是根据待在学校或者用在一个具体科目上的时间判断。

◇基于成绩达标、不断进步的教育体制为教师、学生、技术，甚至家长提出了新的角色身份要求。

在当前的教育体制下，很多学校都是用来甩掉一部分孩子的。

◇应当归咎于整个体制，而不是其中的人。

◇单间校舍是农耕时代居于主要地位的教育范式。

◇工业时代占主导地位的教育范式是学校工厂模式，当时最主要的工作是工厂劳动，学校需要教给学生遵纪守时、吃苦耐劳和千人一面的品德，经过筛选分类的学生一小部分将成为未来的管理者，大部分则都是劳动者。

◇常模参照评价的目的是对学生进行筛选分类。

◇信息时代需要一个新的教育范式，这也是时代发展的必然结果。

范式已经在发生转变了。

◇信息时代的标志性特征与工业时代正好相反，这些特征代表了所有社会系统的深层结构。

◇信息时代的标志性特征包括定制化、多样性、合作、基于团队的组织结构、共享领导权、自主履责、主动创新或自我指导、自我服务、整体思维或系统思维。这些特征有助于我们勾勒出一个新教育范式的图景。

美国需要有一个新的教育体制。

◇知识劳动代替体力劳动成为占主导地位的工作形式，与体力劳动要求不同，知识劳动需要让大部分学生接受高等教育。

◇如今生活的很多方面都比以前复杂得多，要在这样的社会立足就需要每一个人都有更高水平的教育和思维方式。

◇在生活的各个方面，相互关系和因果动态变化都会影响决策；明白这一点对我们是有所帮助的。

◇技能的多样性对劳动的专业分工非常重要，它呼吁一套能根据不同个体培养不同才能的教育体制。

◇美国公民要在现代生活获得成功，必须知道如何合作、如何沟通及如何化解冲突。

◇在今天的劳动力中，能主动去发现并解决问题的人比那些等着指令的人更有价值；人们通过自我指导学习发展其主动创新品质。

◇零散片段的改革不能充分满足新一轮学生的需要；一个全新的教育范式势在必行。

S曲线能帮助理解范式转变。

◇系统已经发展到了前所未有的复杂程度。

◇任一系统的发展一般都能用S曲线来表示，最终达到它的发展上限后需要一个新范式以使其性能得到进一步提高。

◇学校工厂模式之前已经达到了它的发展上限，想通过增加投入作出改善将继续面临令人失望的结果。

◇将教育投资用于信息时代范式比把钱撒在已经过时的模式上效果要好得多。

注　释

1. 这些人及其看法代表了大多数人的观点，我们做了汇编。

2. www.nwlink.com/~donclark/hrd/trainsta.html

3. 质量圈是由工人（甚至学生）组成的志愿者群体，通常是在某个管理者（或经过选举推出的团队领袖）的领导下，该管理者已经接受过训练，他能鉴别、分析及解决与工作相关的问题，并能为管理部门提出解决方案以改善组织的表现，促进员工的积极性和改进工作。

4. 一个子系统的新范式可以提高总系统发展的上限，如飞机使用了喷气发动机后大有改进就是一例。高铁也延长了铁路发展的最高极限，并超越了它在20世纪50年代达到的上限。

相关阅读文献

Ackoff, Russell L. *Creating the Corporate Future*. New York: Wiley, 1981.

Banathy, Bela H. *Systems Design of Education: A Journey to Create the Future*. Englewood Cliffs, NJ: Educational Technology Publications, 1991.

Branson, Robert K. "Why the Schools Can't Improve: The Upper Limit Hypothesis." *Journal of Instructional Development* 10, no. 4 (1987): 15-26.

Christensen, Clayton M., Michael B. Horn, and Curtis W. Johnson. *Disrupting Class: How Disruptive Innovation Will Change the Way the World Learns*. New York: McGraw-Hill, 2008.

Darling-Hammond, Linda. "Achieving Our Goals: Superficial or Structural Re-forms." *Phi Delta Kappan* 72, No. 4 (1990): 286-95.

Department of Labor. *What Work Requires of Schools: A SCANS Report for America* 2000. Washington, DC: U. S. Department of Labor, 1991. Available at wdr.doleta.gov/SCANS/whatwork/.

Friedman, Thomas L. *The World Is Flat: A Brief History of the Twenty-first Century*. New York: Farrar, Straus and Giroux, 2005.

Hammer, Michael, and James Champy. *Reengineering the Corporation: A Manifesto for Business Revolution*. New York: Harper Business, 2001.

Knowledge Works Foundation. "2020 Forecast: Creating the Future of Learning." Cincinnati, OH: Knowledge Works Foundation, 2012.

Malone, Thomas W. *The Future of Work*. Boston: Harvard Business School Press, 2004.

Naisbitt, John, and Patricia Aburdene. *Megatrends 2000: Ten New Directions for the 1990's*. New York: William Morrow and Company, 1990.

National Education Commission on Time and Learning, *Prisoners of Time*. Washington, DC: National Education Commission on Time and Learning. Available at www2.ed.gov/pubs/Prisoners Of Time/index.html.

Reigeluth, Charles M. "Educational Standards: To Standardize or to Customize Learning?" *Phi Delta Kappan* 79, No. 3 (1997): 202-6.

Reigeluth, Charles M., and Robert J. Garfinkle. *Systemic Change in Education*. Englewood Cliffs, NJ: Educational Technology Publications, 1994.

Schlechty, Phillip C. *Shaking up the School House*. San Francisco: Jossey-Bass, 2001.

Senge, Peter M. *Schools That Learn: A Fifth Discipline Fieldbook for Educators, Parents, and Everyone Who Cares about Education*. New York: Doubleday, 2000.

Sturgis, Chris, Susann Patrick, and Linda Pittenger. *It's Not a Matter of Time: High-lights from the 2011 Competency-Based Learning Summit*. Vienna, VA: iNACOL, 2011. Available at www.inacol.org/research/competency/index.php.

Toffler, Alvin. *The Third Wave*. New York: Bantam Books, 1980.

Toffler, Alvin. *Powershift*. New York: Bantam Books, 1990.

Tyack, David B., and Larry Cuban. *Tinkering toward Utopia: A Century of Public School Reform*. Cambridge, MA: Harvard University Press, 1995.

Wagner, Tony. *Making the Grade: Reinventing America's Schools*. New York: Routledge Falmer, 2002.

Wheatley, Margaret J. *Leadership and the New Science: Discovering Order in a Chaotic World*. San Francisco: Berrett-Koehler Publishers, 1999.

相关网站资源

The American Association of School Administrators: www.aasa.org

The International Association for K-12 Online Learning: www.inacol.org

The National Center on Education and the Economy, New Commission on the Skills of the American Workforce: www.skillscommission.org

The National School Boards Association's Center for Public Education: www.centerforpubliceducation.org

The Partnership for 21st Century Skills: www.21stcenturyskills.org/

The Secretary's Commission on Achieving Necessary Skills: wdr.doleta.gov/SCANS/whatwork/

第二章　信息时代教育的愿景

在学校环境下，实施以学习为中心、基于成绩达标的教育范式，不仅花费少而且效果也好。为了证明这一点，我们将在第三章中展示几所已经在推行这种教育范式的学校。当然，要全面贯彻一种全新的教育范式需要先改变人们固有的观念，包括对整个教育的作用及教师、学生、家长、行政人员甚至是技术在其中所扮演的角色的看法。就如参与基础改革的国家领导人菲利普·斯科勒克蒂（Phillip Schlechty）说的那样："学校对有关如何安排时间、如何开发学生才能和利用技术等都要进行彻底变革。"

新的教育范式必须能满足学区所在社区的教育需求，能满足州级教育体制的教育需求，还要能满足整个社会（即"系统环境"）的一般需求。否则，这个新的学校体制就得不到整个系统环境的支持——包括资金、学生。社区的教育需求包括符合学生、家长、雇员、政府、服务机构、退休职工及其他各类人员的要求。

> **老师：你的实践与教学、学习的核心理念一致吗？**
> 你当老师的原因是不是跟大多数人一样，希望让孩子们的生活有积极的改变？你认为你能帮助每一个孩子学习、鼓励他们喜爱学习并且能激发他们进一步学习的愿望吗？
> 你有没有达到这些目标？如果没有，是什么原因阻碍了你？也许是整个"系统"——工业时代范式。试着设想一下能让你达到目标的体制，你觉得它应该包含哪些核心理念呢？

因此，要设计一个新教育范式的完美愿景，就必须参照当前的教育需求及信息时代的标志性特征（参见第一章的讨论）。

在本章中，我们提出了聚焦学生学习而不是将学生分成三六九等的六个核心理念，有关这六个核心理念的详细说明，将为信息时代范式下的学校运行提供有力的基础。只有学校作为主要聚焦学习的场所，这样才能更好地满足现代社会中学生的需求和社区的需求。六个核心理念分别是：

1. 重在成绩达标；
2. 生本中心教学；

3. 扩展课程视界（包括培养21世纪技能）；
4. 转换各自角色（包括教师、学生和技术的角色）；
5. 培育学校文化；
6. 组织/激励结构变革（包括组织的结构、选择、激励措施与决策体制）。

当新范式下的学校在践行这六个核心理念的时候，不同的学校会出现不同的情况，各具特色，这与当前千篇一律的学校状况完全不同。毕竟，多样性是信息时代的标志性特征。因此，在新范式下，这六个核心理念的实施方式也不尽相同。

此外，新范式还能更好地帮助学生为适应现代生活而做好准备，并且也比我们现有的范式经济有效，个中缘由我们将在本章的最后部分予以讨论。

我们如此描述这一教育新愿景，是为了激发人们对教育可能性之思考，而不是呈现一个能改变当前教育状况的完整解决方案。对各个社区或者学校来说，没必要按部就班地一一实践所有的理念，这是不可取的。我们呈现这个愿景仅仅是要激发你的想象，看看美国的公共学校体制是如何超越现有工厂模式的。

第一节　核心理念1：重在成绩达标

如果一个教育系统主要聚焦学习，那么它一定会根据学生的学习情况来决定其学习的进度，而不是根据其所用学习时间的多少。也就是说，对学生进行评价和记录是为了帮助我们了解学生的学习情况——他们真正学到了什么，还需要再学什么，而不是将他们彼此进行比较。

学生的学习进度

实施这一核心理念时，每位学生只有通过达到某一固定可靠的标准以此证明自己对目前的学习主题或技能已经熟练掌握时，才可以继续学习新的主题或技能；如果某位学生只是完成了固定课时量的学习或其他学生已经达到了某个标准而自己没有达标时，那么他就不能继续学习新的内容。在学生未达到熟练标准之前，教师是不能强迫其继续学习新任务的。当然，只要标准一达到，就要允许他们马上进入下一阶段的学习。用一个含义确切的词来表示，这就是"基于标准的教育"。对最大程度地发挥学习的效能而言，这一核心理念至关重要。

测验

评价学生有两个目的：一是指导学生进行学习（即形成性评估），二是检验学生的达标情况（即总结性评估）。现有的教育体制采用常模参照评价，主要是为了对学生作出比较。而信息时代范式则不用常模参照评价。

形成性评估（在后面"生本中心教学"部分也会涉及）为每一位学生的表现提供即时反馈，根据评价结果，教师会用提示及其他指导形式帮助学生总结成败得失的经验。总结性评估则用来验证学生的能力是否达到了某个水平或标准。这些基于表现的评价往往与教学同步，因此就不用再从学习的时间中抽出一部分来用于测验。

我们设想在信息时代范式下，所有的学生都必须掌握他们所学的每一项内容。也就是说，学生只有在当前的学习任务完成后才能继续新任务的学习。每一次总结性评估都是用于考查学生是否达到了某项能力（或者是其中的一小部分）标准，而那种立刻就针对综合性或者大范围的学习领域进行评价的情况一般不会出现。也就是说，不可能再用期末考试这样大范围的评价方式来考察学生整个学期的学习情况。此外，小范围的评价和个别化教学自然而然地紧密结合在一起，用以证实和改进学习的情况。这意味着测验的时间不再是由课程、行政人员、政客或者行政机构提前确定，而是由学生自己决定，只有当他们准备充分时方能进行，并且测验也是基于个人的学习需求和进步，并非用于比较优劣。

我们不仅要评价学生对学习科目的掌握情况，还需要让他们证明自己懂得如何在一组真实项目中运用跨学科知识。这样的评价方式既确保了学生对知识本质的深刻理解，也能促使他们把所学的知识与技能应用到不同的情境中，从而为教育工作者提供了一幅更准确的有关个人教育进步的图景。

报告单

总结性评估的结果需要归入到每位学生的成绩档案中。在一个基于技术的学习环境中，这个过程可以自动生成。当需要人工评价时，具有专业素养的观察人员就会利用移动设备实施评价，这类移动设备中包括了一份合适的观察量规。

技术可以为教师自动保存并不断更新学生的记录，每一项成绩都可能成为档案中的内容，适当的时候还可以用作学生已获得该能力的证明。信息时代的报告单上没有分数，而是包含了显示学生已达到能力标准的成绩列表或图示，就像"可汗学院"的做法一样，它不仅提供了3800多个免费的视频，囊括了从数学到历史、再到各种应用于实践的技能在内的几乎所有内容，并且该网站可以提供即时反馈、评价学习者已掌握的能力及记录成绩达标情况。

那些想把自己的孩子与别人的孩子比较的家长，就可以用其成绩达标的情况代替分数来比。但很可能会出现这样的情况，即任何一位学生在某一领域超过其他学生，而在另外一个领域却是落后的，这样的比较便不会伤害学生的自尊心。在信息时代范式下，所有的孩子最后都会在他们所参与的学习中取得成功，这将极大地增强学生的学习动机并提高其自尊心。

第二节　核心理念2：生本中心教学

基于成绩达标要求根据每位学生的需求定制教学，而不是我们常用的标准化大一统教学。这有助于我们展开项目学习和合作学习，也有助于我们能随时提供教学支持，并对那些有特殊需求的学生开展有针对性的帮助。

量身定制的（个性化）学习

基于成绩达标的学生学习进度是定制化学习（自定步调）的一种形式。不过信息时代范式不止于此，它还包括根据不同的学生定制教学内容和定制教学方法。

对于教学内容，信息时代范式下的所有学生都必须掌握学习内容的核心主体部分，通常这就需要教师根据教学要求关注学生还未掌握的内容（通常称之为"短板学习"）。不过，要培养学生的才能、兴趣和特长（通常称之为"长板学习"），同样也需要足够的时间。在信息时代系统中，我们设想，能否把短板学习法和长板学习法结合起来运用，从而体现"两者兼顾"而不是"两者择一"的目的。

至于教学方法，因多元智能而闻名于世的霍华德·加德纳（Howard Gardner）已经指出，每位学生都有八种主要智能，只是不同的学生在不同的智力类型上表现不一样，当学习新的知识、技能和态度时，每位学生最突出的智能类型就可以成为最有效的"切入点"。因此，我们可以通过两种方式来量身定制教学方法：一种是通过学生自己选择项目，另一种则是通过为学生量身定制个别辅导（两种方式在后面都会有说明）。项目的选择和个别辅导都是根据学生的多元智能、兴趣、学习风格及其他的不同特征和偏好来特别定制的。

个人学习计划或者学习合约（与"个人教育计划"[IEPs][1]的做法有较大差

异）是用于定制化学习的规划工具和监控工具。家长、指导教师和学生之间定期见面（也许是每两个或三个月见一次），一是为下个阶段制定新的计划或合约，二是审查前一计划中学生的达标情况。家长和学生要积极参与，把计划中的目标和结果具体化，而教师、社区、州政府甚至是国家则有权利也有责任来确保（通过监控）学生都能达恰当的标准。当然，至于在决定要达到哪个标准及何时达到该标准上还是有很大灵活度的。

在制订计划的商议会中，还需要确定学生达到目标的方法，家长和教师在支持学生不断作出努力方面要协调一致。如果有技术的支持，那么创建和管理个人学习计划的过程就会更经济有效，这在本章中"核心理念4：转换各自角色"有具体说明。

项目学习

要真正实现量身定制学习，必须让学生参与自己感兴趣并对之有需求的各种不同任务。真实的项目（即来自真实世界或类似于真实世界的项目）对定制学习来说是必不可少的，因为它们能增强学生学习的内部动机，[2] 而内部动机的增强将会极大地促进学生的学习。真实的项目也有助于把学习迁移到实际的生活情境中。

还有一种定制学习的方式就是精心设计好任务，即使这些任务不是真实的项目也没关系，这一方式对年幼的学习者来说特别有效，对此可见蒙台梭利幼儿园中的做法（见第四章），那里的孩子会一次接着一次地积极投入到完成任务中——而这一切都是孩子自己选择的。毕竟，对任务的掌握本身就是一种强有力的激励因素。

大部分的项目都是跨学科且真实的，所以需要一段相对较长的时间才能完成——对年幼的学生来说可能需要几天，而对年长的学生来说则可能需要几个星期或几个月。在项目的完成过程中，可以由教师，也可以由模拟情境或"虚拟世界"（如第二人生）中的技术系统为学生提供形成性评估，这主要是指对学生进行指导或辅导。当然，也可以采用总结性评估，不过如果将其用来评价个人参与项目过程中的学习情况，其价值就不大。除非学生是单独完成项目的，总结性评估才是有用的。

有一些项目是社区服务类项目，有一些是通过计算机模拟或虚拟世界来实施的，还有一些是通过移动设备把两者结合起来的（这又是一种"两者兼顾"思维的例子）。

合作学习

在企业中，大量的知识工作是在团队中完成的。不管是工作，还是社会生活和家庭生活，都离不开合作，并且与他人合作能为那些乐于参与社会交往的学生提供额外的学习动机。当然，合作也为学生提供了相互取长补短的好机会。在教师的指导下，团队学习培养了学生的团队工作能力和解决冲突技能。当然，有时候学生在完成某一项目时还是会选择自己独当一面。

教学支持

合作型项目学习能增强学生的学习动机，促使学生把知识运用到真实世界中。不过，在教学中，我们也发现了其中四个不足：

1. 通常，在完成项目的时候，一个团队会有一个最终的产品，并且大家会根据此产品对整个团队的学习情况进行评价。这样就很难确保所有学生都掌握了与项目相关的一些重要能力。有时候一个团队中会出现一个什么都不学的游手好闲者。并且，团队成员之间通常是进行"合作"而不是"协作"，也就是说，每个人因为承担的任务不同由此学习的内容也不同。在我们的教学经历中，让每一位学生都掌握项目中的所有预设的内容（课时），这种情况少之又少。在一个基于学习的系统中，学生只有在完成了当前的学习任务后才能进入后续新的任务，因此团队中的每位学生要学什么内容，必须加以准确判断，但是在项目学习中这样做就有难度了。

2. 学生从项目中习得的技术和能力，往往需要被迁移到更广泛的情境中，特别是用于完成复杂的认知任务。但是，在项目学习过程中所需的每一种技能，学生一般只有一两次机会使用。因此，如果以后学生遇到更多类似的情境时，就很难运用同样的技能去解决。大部分技能都需要通过大量的练习才能达到较高的熟练程度或专家水平，而在项目学习中却根本没有那么多机会让学生练习，所以要掌握项目中的技能实在难以做到。

3. 有些技能需要达到自动化程度，或者不假思索就能使用，这样在完成任务的时候就能够为高级思维留出心理空间，解放学生有意识的认知加工资源。例如，当人们第一次学习开车的时候，他通常会很专注于驾驶的技能，这时他无法去关注更多有关道路情况和谨慎驾驶策略等。过一段时间后，驾驶技能就到达自动化程度了（不假思索就能顺利地驾驶），此时就可以把更多的注意力转移到高级的或者策略性思考上。项目学习难以做到让一些低水平的技能达到自动化程度。

4. 在项目学习中，由于没有足够的指导和支持，学习者的大量时间都浪费在查找信息和苦思冥想一些相对较难的内容上。

幸运的是，只要通过提供适当的教学支持就能解决好这四个问题，项目学习仍旧可以发挥其固有的优势。

例如，可以运用现有的技术创建一个教学系统，在这个系统中学生组成团队，在计算机模拟或真实的世界中实施真实的项目，一旦在实施过程中遇到了需要学习的新内容，就暂时停止项目，这时就会出现虚拟的教师为每位学生（也许根据教师自己的日程安排）提供个别化辅导。这样，学生就能及时掌握项目中需要的技能、知识或态度。这是用于项目学习的一种工具，我们称之为"即时教学"。当然，也可以由一名实际的教师来代替基于计算机的辅导或情景模拟，不过利用数字化技术确实可以大大降低辅导的成本。

研究证明，当学习者学习一项新技能的时候，应该告诉他们如何做并展示整个过程，练习的时候要有及时反馈，这样的学习效果才最佳。"即时教学"能帮助学生学会把一种新技能概括或迁移到可能会在现实世界中遇到的各种情境中。学习者需要不断练习直到他达到了胜任的标准——就像"可汗学院"采用的做法那样，要连续做对十次才行。然后，学习者又回到项目中立刻使用新学到的技能并继续完成后续项目，直到新的学习内容出现为止，此时学习会进入一个新的循环。

这种"即时教学"有很多优点：

◇减少了学生的挫败感和学习时间；

◇确保学生将学到的东西应用到多种不同的情境中；

◇让所需的低水平技能达到自动化程度；

◇有关掌握的标准确保了每个人在团队学习或者整个学习环境中不再滥竽充数，这样才能把建构学习和直导教学最有效地结合起来（体现信息时代特征的"两者兼顾"思维的另一个例子）。

特殊需求

信息时代范式在它设计的每一个环节中都考虑到了学生的特殊需求。在这个范式下，每一位孩子都是独一无二的，他们所需的教育也应该富有个性化。每一位学生都要受到严密的监控以促进他们不断进步，每一位学生也都需要且应该得到情感及智力上的关注。有认知缺陷及其他身体或治疗问题的孩子也被这个教育系统完全接纳，和其他孩子一样共同学习。需要的时候，特殊教育的教师也会积极予以配合，具体可以参见"核心理念5：培育学校文化"中的说明。

第三节 核心理念3：扩展课程视界

信息时代范式的目标旨在培养学习者成为：

◇有能力为自己、家人和社区创建高品质生活的人；

◇有历史知识、公民知识以成为自己国家乃至全球的好公民；

◇能应用自身的能力来帮助他们在所选的职业生涯中获得成功的人。

具备这些特征不但能为以后的工作打好基础，而且也有利于构建美好的家庭生活、履行公民职责及实现个人价值。一个功能齐全的教育系统必须能处理好学生发展的各个方面，必须能为学生提供进行终身学习的自导学习技能和动机。

这是在做白日梦吗？还是会实际发生的？在你给出答案之前，先想想那些要求学校做的与学习无关的事情。教师甚至连自己学生在基础科目中的学业成绩都不能保证，难道我们还要请他们开展其他方面的教学与指导吗？事实上，在工业时代范式下是不可能的，因为其结构自身就决定了难以满足学生的需求。但是在信息时代范式下却不一样，已经有很多学校在这些额外的学习类型及基础学习科目上做得相当出色（参见第三章）。

到这里，你也许想知道什么样的学习才是重要的。

国家报告

正是认识到了工作场所的巨大变革对学校课程有着很重要的影响，美国劳工部组成了专门的"达成必须技能秘书委员会"（SCANs）开展调研，于1991年发布了一份报告《2000年美国人》。简言之，该报告建议中小学课程应该包含以下内容：

◇基本技能，包括读写能力、数学运算能力及有效的听说能力；

◇思维技能，包括创造性思维能力、决策能力、问题解决能力及将结果予以可视化的能力；

◇个性品质，包括有责任心、自尊心、良好的交际能力、自我管理能力及诚实等；

◇五种能力，包括善于利用资源、信息、技术、人际关系技能和系统思维的能力。

在此基础上，"21世纪技能联盟"于2009年公布了《21世纪学习框架》，这也进一步补充了课程的指导方针：

◇核心科目，包括英语、阅读或语言艺术、世界语、艺术、数学、经济、科学、地理、历史、政府运作和公民；

◇融入核心科目的21世纪跨学科主题，包括全球意识，金融素养、经济素养、商贸素养及创业素养，公民素养及健康素养；

◇学习和创新技能，包括创造性、批判性思维、问题解决技能和交流合作技能；

◇信息、媒体和技术技能，包括信息素养、媒体素养和交流素养；

◇生活和职业技能，包括有较强的灵活性和适应性、做事积极主动并能进行自我指导、有社交的和跨文化技能、生产效率高且做事负责、有领导力和责任心。

其他类型的学习

性格特点和民主价值观等特质也有利于促进民主政治和社区朝着健康的方向发展。同样，丹尼尔·戈尔曼（Daniel Goleman）的观点也日益深入人心，即生活上的成功更多地依赖于个体的情感发展（情商，或EQ）而不是智力的发展（智商，或IQ）。

情感的发展可以为社会节省大量的财物（如减少犯罪和监狱关押时间），也能为个人、社区和国家改善生活质量。已经证实情商可以减少药物滥用、青少年怀孕、校园暴力及其他社会问题。情商过低也会导致出现"非战即逃"的应激反应，不仅会影响学习，增加犯罪的几率，还会形成导致贫穷的恶性循环圈。

在更大范围上来说，如果情感智力和民主核心价值观没有得到充分发展，那很可能会导致出现全国性及全球性问题，包括"安然事件"、"旁氏骗局"、2008年全球金融危机及各种腐败、暴力与犯罪问题。事实上，可以根据第三级阅读分数来预测监狱中的人数，而培养一位好学生的费用远比将其关在监狱所需的费用要少得多。

因对情感的发展和培养人的核心价值观关注不够，由此所付出的社会及财物上的代价非常高。在信息时代的教育范式下，教师在日常教学过程中要注意学生交流活动中的教育时机。一旦时机出现，教师就要对他们进行情感和价值观熏陶，这样的学习经历才具有个性色彩和真实性。这些教育时机是作为学习经验的一部分受到期待和重视，并不会干扰学生的学习时间。当然，有关这些方面的指导主要还是在课堂中进行为好，不要放任学生在运动娱乐场所中自然养成。

最后，通过锻炼和加强营养来促进健康的身体发展，其重要性也是显而易见的。

为了培养全面发展的学生，信息时代范式涵盖了所有之前说明的课程领域，包括教育系统思维的先驱贝拉·巴纳锡（Bela Banathy）提及的社会文化、伦理、道德、身体/心理/精神健康、经济、政治、科学/技术和审美方面的学习。当然，课程的具体落脚点是要能适应知识的发展，适应学生需求和社会价值观的变革。

信息时代的课程必须有助于学生对重要概念和原理有深刻理解，也要有助于培养他们在真实问题和情境中运用自己理解的东西。对每位学生来说，大部分的能力要求是一致的，但随着学生个体的需求、才能、兴趣及志向的差异变化，还会有许多个性化的特色。个性化的学习计划和量身定制的教学方法确保能兼顾个体的学习需求和学习风格。

第四节 核心理念 4：转换各自角色

生本中心教学要求教师、学生、家长甚至技术及其他学习资源担负起与工业时代教育系统明显不同的职责。

教师

在信息时代范式下，教师不再是让学生担心害怕的裁判，而是帮助学生克服困难的导师或教练。这是一次大的转变，教育由师本中心转向了生本中心——教师的作用由"讲台圣贤"变成了"协力指导"。

在信息时代的教育系统中，教师要承担以下五个角色：

1. 导师。作为 20 到 30 位学生的导师，也许要连续担任几年，期间要关注学生发展的各个方面，如同蒙台梭利教育体制与明尼苏达新乡村学校的实践一样（参见第三章）。有句话说得好："亲其师，信其道。"导师角色还有一个作用就是帮助学生准备相关项目的个人学习计划，一个项目周期大概是 6 到 12 个星期。这就又涉及帮助学生和家长选择合适的教学目标（依据社区、州和国家设立的标准），然后再根据目标帮其选择最佳的学习方式并能不断支持以达成目标。

2. 设计者。作为学生学习内容的设计者，主要是对项目或者任务的设计，以鼓励学生参与到学习过程中。由全国各地无以数计的教师开发的开放教育资源通过互联网向所有教育者免费开放，这样就大大减轻了作为设计者的工作量。

3. 促进者。作为学生学习过程的促进者，其职责主要是监督学生的学习进度、增强学生的学习动机及指导学生的学习。

4. 学习者。作为学习者，教师经常要和学生一起学习、向学生学习、为学生学习，学习有关学生的一切情况。教师不可能知道所有问题的答案，但是他们会帮助学生找到答案。通常教师主要是学习怎样最大程度地满足学生的需求。信息时代范式为教师学习提供了大量的支持。

5. 学校的所有者和管理者。就像小公司里的律师和会计一样，教师之间都是合作伙伴，是公立学校的所有者，要对学校的运作做出决定，包括经费预算和人事聘用（见"核心理念 6：组织/激励结构变革"），如明尼苏达新乡村学校的组织结构那样。这样教师的角色就会得到提升，成为真正的专业人员，而不是被强权的官僚机构控制下的"工人"。

有些教师专门担任他们擅长的一两个角色。这些角色与之前他们在学校工厂模式下担任的角色如此之不同，以至于有人提出"教师"这个词不能很好地表达出信息时代教育系统中该职位的本质。我们经常会赋予这个角色以"协力指导"的特征，因此每当谈论信息时代范式下的教师时，就会用"导师"这个词来代替"教师"。

学生

信息时代范式下的学生会承担三个新的角色，以取代传统学校中作为孤立且消极的学习者的角色。

1. 自导学习者。在信息时代，终身学习是成功的关键，第一章对此已有讨论。终身学习本身需要学生能进行自导学习，所以从小就要教会学生管理自己的学习过程，如蒙台梭利学校强调应该从 3 岁时就开始。学生要学会设定学习目标并计划好为达到目标所需的方式方法，包括找出自己最佳学习方式、最能适合自己学习风格的学习策略和工具，并且还需要知道如何才能改善自己的学习风格。学会自导学习在一定程度上要求学生自己选择学习内容和教学方法，而教师的指导则有助于培养学生做出正确选择的能力。

2. 作为教师的学习者。有句谚语说得好，"最好的学习方式就是把自己所学的东西教给他人"。基于这一思想，目前学校里最没有充分利用的资源也许就是学生了。在信息时代的范式中，项目团队里的学生互教互学。那些已经达到能力标准的学生辅导或训练其他还未达标的学生。因此，学生作为教师是其另一个新角色，这在许多学校已经变得越来越普遍了。

3. 善于合作的学习者。在本章前面的"合作学习"部分，我们已经说明了学生作为合作学习者的新角色，以用来对照工业时代认为"学生合作就是作弊"的旧观点。在新范式中我们采用的新方法能保证学生的确是在协力同心学习而不是滥竽充数。学会如何从同伴那里学习、如何跟同伴一起学习将有助于学生处理好生活中的大小事务，包括他们的工作和婚姻中遇到的问题。

家长

信息时代范式下的家长会更积极地参与自己孩子将要学习内容的决策，并还要帮助他完成学习。除了专门的学习外，家长在和孩子做一些其他有意义的事情时，也可以进行具体的指导，以帮助他们学习——可以是提出有关当地动物园各种展览中出现的问题并能找到信息以得出最佳答案，也可以是列出假期要参观的地方与要做的事情。家长还需要了解自己孩子所在学校的运行状况。在新范式中，家长与孩子的导师是真正的合作伙伴。

技术和其他资源

若要灵活且经济有效地实施信息时代的教育范式，关键是选择合适的学习工具（见本章结尾"成本效益"）。

为了理解某个时代的工具与时代本身之间的关系，我们先来看看工业时代铁路担任的角色。制造业的发展使铁路的出现成为了必然——大量原始材料和已完工的商品需要在不同的工厂之间运送。而也正是因为制造业的发展才使铁路的出现成为了可能——因为铁路只有在工业化生产方式和生产工具条件下才能产生。

同样的，信息时代下必然会出现新教育范式，并且也是可能的，因为数字技术的发展将会极大地促进其勃兴。事实上，这样的技术已经改变了工业生产的方方面面——从会计用的电子表格到医疗保健中的成像技术。

在信息时代范式下，数字技术和手持式材料起着核心的作用，这与当前在教师中心范式下只起着很小的次要作用形成对比。在新系统中，数字技术主要是为学生服务，而不是为教师服务。

以下是技术在信息时代所起的四个主要作用。请注意，虽然我们在描述的时候用的是现在时态，但并不是说目前所有的技术系统都已经具有这些功能。

（一）记录学习进度

要让导师持续记录每位学生的学习情况可能是一场噩梦，尤其是当学生在学习中心学习的时候（此时导师不在其身边——见"核心理念6：组织/激励结构变革"）。这时候技术就是一种理想的工具，它能帮助导师节省大量用于记录学生能力发展状况的时间。技术的这个记录功能取代了当前的报告单，它由三个部分组成。

标准清单，包括对必须要达到的教育标准（国家、州与当地的标准）和选择性教育标准进行记录，这些标准又被细化为单一的能力安排在学习过程中（各个学习环节之间彼此互相联系，层层落实）。并且，导师、学生和家长都能很容易地获取这些标准。这个技术工具为我们呈现了一张学习列表或示意图，上面记录了学生应该或者能够掌握的学习领域，还有在这些领域上学生能够达到的水平和标准。

个人达标清单，上面记录了每位学生的掌握情况。实际上这个清单是在之前标准清单中列出的具体标准基础上标出每位学生的进步状况。从中我们可以看出在各个领域中，学生于何时达到某一标准，已经达到了哪些标准，下一个要达到的标准是什么。同时，该清单还提供了链接，提供学生已经具备了某些能力的证据（以汇总数据或原始的产品形式出现）。

个性特点清单，追踪记录了那些能影响学习的学生个性特征，如学习风格、多元智力分布、学习兴趣及重大生活事件。

（二）规划学习蓝图

对导师来说，为所有学生制定个性化的学习计划或合约也颇有难度。幸运的是，在信息时代，我们可以利用技术来履行这一职责。技术的这一角色可以帮助每位学生、家长和导师完成以下任务：

1. 确定长期目标。

2. 考虑选择方向。查明学生目前已经达到的各方面水准（根据个人达标清单）。

3. 设定短期目标：综合考虑学业要求、长期目标、兴趣及机遇的基础上，从中选择短期内要完成的目标。

4. 选择学习项目：从已有的项目清单中选取一个项目，或者重新设计一个新的项目以期来达到短期目标。

5. 组建学习团队：确定其他有兴趣参与该项目的学生，择优选择组建学习团队。

6. 分配学习角色：明确导师、家长和其他个体需要如何支持学生进行学习。

7. 制定学习合约：在合约中需要明确具体的学习目标、学习项目、学习团队、团队不同成员所承担的角色及每个项目的学习时限。

信息时代教育范式下的学生必须学会管理自己的时间并能按期完成任务，就好比是在现实生活中实际参加工作那样。只不过在新系统中，会根据学生参与项目的数量灵活分配时间，并且在规定的时间内学生的工作量也会根据自己的能力来决定。

（三）提供学习指导

如果导师只会用工业时代师本中心的模式进行教学，那么无论何时，要想教好 25 个学习不同内容的学生都是非常困难的。信息时代范式下就不会出现这种情况。技术可以为学生引进学习项目，提供项目学习的教学支持，帮助导师管理项目甚至开发新的项目和教学支持——一切都在促进学生之间、学生和导师之间关系发展的学习环境中进行。

1. 引入学习项目。技术（电脑和移动设备）能为学生（或小团队）介绍有关项目的情况，通常还会借用模拟情境、真实情境及参与式互动视频等方式。同时，技术也能提供项目管理程序以帮助学习者取得成功，还能提供项目跟踪程序以帮助导师支持学生完成项目。

2. 提供教学支持。技术能提供非常有用的教学工具——模拟、个别指导、操练、研究工具和交流工具——通过做中学（实践/练习）来支持学习者在项目中的学习，并允许学生在足够的时间里达到具体的学习标准（非常像"可汗学院"中的课程）。大致来说，这是项目学习的"即时教学"（参见"核心理念2：生本中心教学"），并且根据具体目标的发展（如高阶思维技能、深层理解、记忆、情感发展）和不同的学习类型（根据不同的学习风格来分），技术可以提供不同种类的教学支持。项目活动让学习变得更有趣，而即时教学则让学习过程更高效也更有效，并且通常还能够减少学习者的挫败感。

数字化工具有很多优点，包括了：

◇在视听方面，它们比静态资源更生动形象，这样就能适应更多样的学习通道。

◇它们为学生的主动学习和导师的及时反馈提供了强大的交互功能。

◇网络的介入连接了不同地域和不同文化背景的学生和导师，不仅提供了一个非常丰富的学习环境，而且还消除了固定在一个时间和地点进行学习的限制。

◇能随时按需支持教师发展——甚至是在目前那些教师还几乎得不到支持的边远地区。

◇这些工具帮助导师监控并支持学生参与项目的进程，并且也能帮助学习者监管和反思自己的学习进度及管理自己的学习时间。

当然，信息时代范式下不仅仅只使用高科技资源，那些低技术含量的资源及手持式材料也同样需要，如数字棒和字母板等（见第三章），尤其是对那些年幼的孩子更是如此。通常，设计学习资源的时候要考虑能为几个学习者共同使用，这样就可以促进他们共同学习、互相促进，彼此间建立牢固的关系。在学习者使用资源的时候，导师通过训练和辅导为他们提供帮助，如有必要，也可以为他们提供直接的教学支持，以补充高科技资源及手工材料。

3. 支持管理项目。技术提供的工具不仅能为导师监控并支持学生参与项目的进程，还能为学习者监管和反思自己的学习进程及管理自己的学习时间。

4. 帮助开发教学。技术甚至也能提供工具以帮助导师和其他人为即时教学开发新的项目和工具。

在实施项目学习与提供即时教学中，导师、助教及志愿者都会帮助学习者应用技术，并且当出现技术也无能为力的情况时，就可以为他们提供教学支持。

（四）评估学习效果

实施形成性和总结性评估可能是导师的又一个难题，因为学生并不总在同一时间以同一方式展示其能力达成的情况，而这时技术就可以再一次大显身手了。

在即时教学中——不管是在模拟、辅导还是操练和实践的过程中——技术系统都能为学生提供形成性反馈，并还要评价他们的学习情况，看看是否已经达到了各种学习的掌握标准。

当学习者已经达到了成功的标准时，比如说最后十次表现都是自己独立完成的，那么总结性评估实际上就完成了，其相应的成绩也会被记录到个人成绩清单中。没有必要单独抽出一个时间来进行评价，这样做是在浪费时间；实践的过程就是测验的过程，由此可以节省出很多时间。这就是测验与教学紧密结合，天衣无缝。

当然，也会出现无法采用交互式技术进行评价的情况，这样的话就需要一位熟练的观察员（可能会使用带评估量规的手持式设备），来对学生的表现作出评价并提供反馈。手持式设备提供的信息将自动上传到计算机系统的个人成绩清单中。

除了对学生进行评估外，计算机系统会自动分析出教学工具的质量，导师、"学校"（顺便提一下，在新范式下不用"学校"这个称谓，因为他们与当前我们所知的学校大不相同）及信息都是为形成性评估和总结性评估服务的。在核心理念5和6中，你就会发现这些学校如何在新范式下运行。

最后，技术为帮助导师开发评估手段提供了便利，并且还能把评估的结果与标准清单中的相应标准联系起来。这些由计算机生成的评估工具极大地缩短了目前工业时代范式下学生和导师用于实施评估活动的时间。

（五）综合各种工具

尽管就目前的情况来看，这样的一个教育系统仍处在开发中，但我们仍可以想象到这四种技术功能密不可分。在这一系统中，追踪记录学习进程的工具会自动为制订学习计划的工具提供信息，而制订学习计划的工具又可以确定相应的教学工具。评估过程则融入教学工具的运用中，得出的反馈数据又被追踪记录的工具保存下来。根据这些反馈信息又可以制定新的学习计划。学生、家长和导师都能很容易地查看每位学生的项目进展报告、标准的达成情况及目前学生的学习合约中还未达到的目标。

目前还没有一个合适的词可以概括这类综合性的工具，不过最近有人提议用"个性化综合教育系统"（Personalized Integrated Educational System，PIES）这个词。我认为很适合！

除了前面描述的四个主要功能，我们认为 PIES 还有以下这些次要功能：

◇通信功能，即通过电子邮件、博客、网站、论坛、维基百科、白板、即时通讯、博客及视频广播等工具进行交流；

◇基于角色和信息类型管理信息的访问权限，并确保所输入信息的可信度；

◇记录学生的基本情况，如家庭地址、父母或监护人信息、导师和所在合作团队信息、学生出勤状况及医疗信息；

◇记录教育者的主要情况，包括办公室地址、资格认定和获奖情况、专业发展计划及其记录、学生名单（他们的评价和已经获得的奖项）和所开发的教学工具库；

◇PIES 将极有可能是一个开放的软件，类似于"魔灯"（Moodle），这样谁都可以担负起它的费用了。

在理想的状态下，学区、学校和个人都应该根据自己的需求制定和修改项目，并吸收不同开发者设计的网络应用程序（类似苹果手机上的应用程序）以支持特殊的需求。使用者可以定制网站的外观和功能，控制进入 RSS 订阅和电子邮箱的信息流量，并且要将博客、论坛和聊天室等功能合并到 PIES 中也很容易。

确实，信息时代的教育范式要取得成功，技术的作用将至关重要。它大大改善了学生的学习，并且很有可能使每个学生每年所需的费用少于其在工业时代范式下所需的费用。

第五节 核心理念 5：培育学校文化

我们用一个充满关爱和鼓励的教育环境来描述信息时代教育范式的特征，这一点也不为过。在这样的环境下：学校规模小、人际关系良好、导师连续几年指导同一个学生、根据学生的发展水平混龄分组、学生学习愉快、导师也参与学习、还能提供家庭服务。学校文化对学生和家长都有着深刻的影响。

小型学校规模

规模大的学校往往会让学生之间的关系疏远，还有可能形成敌对的团体，出现恃强凌弱的情况。而且，大规模学校行政管理千头万绪，小规模学校则不同，它所提供的学习环境更有益于人与人之间的相互关爱及情商的发展。当然，大规模学校也有它自己的优点：

◇降低公用设施的费用，如图书馆、媒体中心、餐厅、体育馆及大礼堂；

◇能为学生提供更多元化的课程。

在信息时代范式下，大规模学校通过公用设施节约成本的问题，小规模学校则可以借助将公用设施建在小型学习社区的中央位置的方式来解决。此外，有关多元化课程的问题也可以借助互联网上的信息技术、开放教育资源和交互式多媒体程序来解决。

良好的人际关系

除了合伙团队（学校）规模小外，新范式下的每个学习社区都力争通过项目合作和其他能建立关系的活动，与学生、导师、家长及更大的社区形成密切联系。

跨龄指导

学生可以选择自己的导师，并且在一个完整的儿童发展阶段中（约三四年），该导师是固定不变的（参见核心理念6中的"选择权"）。这样导师和学生可以慢慢地了解对方，有利于他们之间相互关怀、共同信任与彼此支持，也有利于学生建立更广泛的、更稳定的支持关系。

根据发展水平混龄分组

在学校之外的所有场合中，人们都会与不同年龄层次的人相处。年轻人把年长者当成角色榜样，而年长者会为年轻人承担某些责任。在多数情况下，年龄甚至都不是社会交往的因素。取而代之的是兴趣，共同的兴趣促进了人们之间的交往。信息时代范式下的情况也是如此，一位导师所带的学生来自同一发展水平的不同年龄段，而且每个年龄段的学生数大体上是相同的。

在新范式下儿童的发展有六个阶段。第一阶段始于出生，所有的学生起点都相同！该阶段的学习可以在家里进行，由父母和兄弟姐妹提供（有需要的时候或者由父母提出意见，可以由导师和/或家庭服务专家提供指导），也可以选择和父母一起在日托指导室里进行（和年轻的助手一起根据导师和/或家庭服务专家提供的指导实施）。

家庭服务包括提供自闭症专家和言语治疗师。导师和家庭服务专家根据家长的要求为他们提供建议和资源，以尽可能地帮助他们抚养孩子。（更多的信息需要到家庭服务机构查询，该类机构与新教育范式是一体的）

第二阶段为3～6岁之间，这时的孩子已经有了具体的形象思维，如蒙台梭利教育系统中描述的那样（见第三章），信息时代的导师与蒙台梭利思想指导下的教育工作者在很多方面都相似。也就是说，大部分的学习都在指导室里进行，导师和/或助教会根据孩子的学习准备程度决定是否向他们引入那些精心设计的手工材料。有爱心的教育者很期待与家长一起合作，并尽量根据家长的要求让学生得到全面发展。必要时，导师也会让家长们更多地参与到孩子们的教育发展中。在这个发展阶段中，需要从发展孩子的规则意识着手，设计学习环境。

第三阶段与第二阶段相似，唯一不同的是处于该阶段的儿童6～9岁——需要承担起计划并追踪自己学习的责任。在本阶段，导师要帮助学生完成从具体思维到抽象思维的过渡，还要不断激发他们的想象力。

9～12岁之间的儿童处于第四阶段，导师认识到该阶段的孩子已经有了抽象思维，所以他们会依据项目的特点指导学生将学习与外部现实世界联系起来。学生的大部分任务都在指导室里完成，但是他们有时也会去学习中心（在核心理念6中有所描述）及一些社区场所（有监管人）进行学习。

第五阶段的学习者通常在12～15岁之间，其特征与第四阶段的学生类似。只不过在这个阶段中，需要在学习中心和社区场所完成的任务日渐增多，因此指导室里的教学资源就应该相应减少，而备有数字技术的工作区和会议区则需要增加。一些学校会应用微经济——体验性教学项目，该项目的设计主要是以激励的方式来帮助学生学习有关经济、创业和政府机构运作方面的知识。它有助于学生理解真实的生活世界并能服务于自己的社区。

在第六发展阶段，学生处于15～18岁之间，其学习场所更多的是在设有工作区的会议室，与处于低发展阶段的学习者所用的教室和活动室大不相同。绝大多数内容的学习都需要在学习中心进行（在核心理念6中予以说明），包括由其主办的研讨会、项目和辅导课程。学生往往会以小组的形式进行学习。包含寻宝游戏在内的项目学习涉及了跨学科解决问题，所以应用广泛。

导师还要与家长合作，以促进学生态度、价值观和道德观的发展；诚实、有职业道德、有责任心、主动创新并能坚持不懈，这些都是信息时代范式下学生应有的宝贵特征。学生必须完成社区服务项目，导师则与家长紧密配合，以促进学生情感、社会交往、创造性及心理发展。要做到这些，则需要我们善于发现学生的任何一个值得关注的发展方面与阻碍他们进一步发展的因素，并且还要能和家长一同制定一份恰当的自我约束计划。

随着儿童的不断发展，这些分类并不要求按照严格的技能水平或内容学习水平。某儿童依据其社交和情感的发展水平可能处于某一阶段上，但她参与项目学习的水准却属于上一阶段或下一阶段的发展水平。换句话说，"社会情感的发展"与"认知学习的提高"不是同步的。一个9岁的儿童在学习大学课程材料的时候用不着离开其同龄群体。同样，儿童发展水平也不是严格按照年龄层次划分的，因为每个孩子的发展会有快有慢。

愉快学习

在知识劳动及复杂社会的背景下，终身学习对公民生活质量和社区健康发展非常重要。终身学习的前提是对学习的热爱。在工业时代的教育范式下，许多学生学而生厌，学校的文化氛围也是贬低和嘲笑那些学习出色的学生。这种心态和文化氛围显然是阻碍终身学习的。

尽管终身学习在教育界中已经流行多年，然而工业时代范式本身却排斥它。信息时代范式下，学生基于真实的、能积极参与的项目或任务进行学习，这样就能激发其内部动机，培养对学习的热爱之情，并且还能养成自主学习的习惯。

麦克莱伦（McClellan）归纳出人的三种主要动机（内部的激励因素），信息时代范式利用这些激励因素来鼓励学生开展学习：

◇成就需要：通过基于成绩达标的学习进度予以满足；当她达到标准时会核对取得的成就。

◇归属需要：通过合作学习和团队学习予以满足。

◇权力需要：通过自主学习予以满足。

导师学习

信息时代范式下，导师的其中一个角色就是作为学习者（核心理念3中有所说明）。要成为一个好的角色榜样，导师就要在终身学习方面做出示范。在新范式下，有关学生的知识及如何才能学得最好的知识远比有关内容的知识重要得多。终身学习永无止境，它有助于保持导师对教学工作的新鲜感和兴奋感。新范式高度重视促进导师的各种学习，其中一个途径是通过让同一发展水平上的两个或更多的导师组成导师团队。通过合作他们就能经常互相取长补短。

家庭服务

学校与社会服务机构合作，为家庭提供各种服务，包括掌握育儿技能、对家庭教育提出建议、协助儿童家庭保育（在合作的基础上进行，核心理念6中对此有说明）、帮助解决健康和福利问题、支持儿童体育联盟，等等。学校系统是社区发展和服务系统等必不可少的组成部分。

第六节　核心理念6：组织/激励结构变革

工业时代的教育范式是由自上而下的、科层决策结构主导的，关注的是服从（如教师与学生是没有权力的）、严厉、特权、政治影响力，对学生或导师而言，根本没什么选择权。在本节中，我们将探讨一个重新定义的学校组织结构。在新范式下，我们设想组织机构和决策系统包括了以下几个方面：导师所有的小型学校——称之为"合伙团队"、学习中心、学生和导师的选择权、与家庭服务支持系统合作及学校作为"学习合作社"。

合伙团队取代学校

在医疗和法律行业中，同行之间会经常相互咨询而不是个人单打独斗。当前，与教师行业不同，其他领域的专业人员会以一种有意义的方式参与决策及对自己的工作机构进行监督。信息时代范式下的导师同他们一样，也不是独善其身，大家对自己的合伙团队有所有权和经营权。这是一个专业的教学模式而不是监管（劳动管理）模式。这个概念与我们今天所认识的学校完全不同，在新范式的环境下仍旧用"学校"这个词会引起误解，所以我们改用"合伙团队"这个词。

一个合伙团队——大概有4到10个导师、助教及其学生——其功能有点像一个受雇于学区的独立签约单位。在建造于工业时代的大型教学楼里，每个合伙团队会租用其中单独的一侧或一层，其他设施则与人共享，如体育馆、图书馆和餐厅。在一幢教学楼里，会有1到40个合伙团队，当然其数量取决于合伙团队的规模。

新教学楼的设计却完全不同，大家都在中心地带共享设施，如同车轮的中心，而每根轮轴上都有一个合伙团队包围着中心轴。

在这种机构中，每个导师对合伙团队的成功负有很大的责任，并且也要求有较高的动机和权威以履行该职责。

学习中心

导师、学生及其他领域中的专家学者都可以进入各种不同的学习中心。每一个学习中心会集中在某一专门领域内进行教学，如：

◇传统的学科导向的领域，如生物；

◇跨学科的主题式领域，如污染或城市；

◇智慧领域，如哲学；

◇技术领域，如汽车保养及维修。

不管哪种情况下，学习中心都会把基本技能和高级思维技能融入各个专门领域的教学中，并且合伙团队的导师会帮助每个学生拟定好一份个人学习计划，该学习计划描绘了他们在习得技能并达到规定标准方面的进度情况。

处于较低发展水平的儿童，很少会使用学习中心，但是在导师的教室中会有微型学习中心，如同蒙台梭利学校和明尼苏达新乡村学校中的教室（参见第三章）。对处于较高发展水平的儿童，学习中心就与合伙团队分开运作了。每隔几个月学生都会得到一定数量的"通行证"，有了这些通行证学生才能使用这些学习中心，并且学生也可以有机会获得更多的通行证。

通行证的数量根据发展水平的不同而有差异，那些发出相对较少通行证的合伙团队会对自己的学习中心加大资源财物的投入。因此，一般的规则是，年龄越大的孩子，使用学习中心的次数就会越多。

学习中心的支出预算都是基于所服务的学生数量的（与通行证的数量吻合），它可以用许多激励机制以吸引学生并满足合伙团队导师的需求。也就是说，学习中心的内部合作与各个学习中心之间的竞争相得益彰，能最大限度地发挥他们的功能，这又是"两者兼顾"的思维表现。我们设想有三种学习中心：

◇购物中心：位于各种设施的中心，包括从单独经营的"工艺品店"到地区或国家的连锁店。这些购物中心拥有各种资源——包括手持式材料及基于网络的多媒体学习环境——为学生提供各种丰富的学习环境。

◇社区中心：处在社区环境中，如博物馆、动物园和企业。这些中心能带来额外的收入并能为赞助者减免税收，以此支持学习中心的活动，并且他们还为学生提供了真实世界中的重要学习资源。

◇移动中心：能从一个合伙团队移到另一个合伙团队，甚至还会从一个社区移到另一个社区。他们主要出现在人口分布少的地区，或者要用到那些特别昂贵的学习资源时，如电子显微镜或者质谱仪。

如同零售行业那样，竞争促使学习中心调整自己所提供的学习内容以满足不断变化的学生及合伙团队的需求。已有的学习中心会定期消失，新的学习中心也会不时涌现。支持性的孵化政策和各种资源将促进新学习中心的不断形成，以适应持续的更新过程。学习中心通常都会安排合作任务，这样学习者就可以使用位于其他学区的学习中心，如在印第安纳波利斯州迪凯特镇大主教学区的挑战者学习中心。学习中心的工作人员是由有职业资格证的导师、有技术并有创造力的专家、家长和社区志愿者组成。

学生和家长的选择权

学生或者家长，依据喜好的优先顺序，选择 3～5 个导师。独立的"用户援助机构"（在"行政管理结构"一节中会作说明）能为家长提供信息和援助以帮他们做出最佳选择，或者如果家长不介意的话，也可以直接替他们做出决定。

每位导师自己可以决定每年接收的学生数，但他不能选择具体招收哪几位学生；这一政策能保证学生公平地接受素质教育。那么，如何决定招收"哪些孩子"呢？它有一个准则，即依据种族和社会经济平衡的指导方针，尽可能地接收学区范围内填报第一志愿的所有人。每位导师的薪酬是不同的，一部分是根据她所接收的学生人数来定，还有一部分是基于她在合伙团队中所取得的教学成效。导师的教学成效是根据各个学习领域所取得的成绩来评价的，当然也会根据其他因素如学生的学习能力和社会经济状况进行调整。

如果第一、第二和第三志愿中有很多人都选择某个合伙团队的导师，那么该合伙团队就会额外得到一笔钱用以提高导师的薪酬水平（不管导师接收了多少学生），这样就会激励所有导师不断提高教学质量，并且也能让那些最好的导师留下来安心教学。用户援助机构通过提供用户报告——关于所有导师的类型等级，以防止这个需求过程变成一种知名度的竞争。如果某些导师的需求量不大，那么他们可以选择减轻教学负担，或者有些也可能被迫停止某些教学工作。好比在其他职业中，个人工作量根据其能力而不断变化。

合伙团队之间的竞争会产生负面影响，除非系统在设计时本身就已经排除了这些影响。因此，薪酬的增补数额是根据学生对导师的需求变化拨给各个合伙团队的，而不是直接加给导师。所有增加的薪酬由合伙团队的导师集体决定怎么分发，并且他们还能决定如何使用预算。这样就结合了各个合伙团队之间竞争的优势（激励他们出色地完成社区中各种不断变化的目的和需求）及单个合伙团队内部合作的优势（为导师提供支持和鼓励）。

除了导师的工资这个直接收入之外，处在同一发展水平上的所有合伙团队对孩子的收费是一样的，当然对那些有特殊需求及社会经济地位不好的孩子也会给予一定的补助。合伙团队完全有权力来决定如何用那些钱，包括租用教学场地、购买或租赁学习资源和聘用不同类型和不同数量工作人员。在这方面，合伙团队很像一所"特许学校"或"私立学校"。

如果某个合伙团队中的导师比较受欢迎，那么它就可以招收更多的学生，聘用更多的助理人员，甚至还可以增加新的导师（或者可以从已有的导师中选出进行培训提升）。另一方面，如果某个合伙团队中的导师不太受欢迎，那么该团队的收入就少一点，因而发给导师的工资也会较低，并且如果导师所带的学生数量不足，他们的工资也不会满额发放。因此，如果一个导师的教学欠佳，工资就会减少，这样他有可能会去寻找另一份工作。因此，这样看来，人事聘用与解聘与基于科层的决策过程大不一样；取而代之的是由基于用户的系统自动来决定，该系统可以不断调整以适应不断变化的社区需求——同时也可以减少行政成本。

等级评定机制允许其他教育客户，如雇主和年长者，参与到这个基于客户的决策系统中。整个过程会用产品定级体制来完成对导师或合伙团队的等级评定，大体跟亚马逊采用的方式一样，评价的结果会影响学生或家长以后对导师的选择。

孵化政策鼓励创建新的合伙团队和学习中心。如果某个导师团队能争取到足够数量的家长签名，以支持创建新合伙团队或学习中心，那么合伙团队支持机构或学习中心支持机构就会提供启动资金及专业技术，从而帮助他们进行规划并开始运营。这些机构在后面"行政管理结构"一节中会进行详细说明。

单幢教学楼里会有好几个合伙团队，这样家长和学生做选择的时候就不必担心就近入学问题。并且，学生和家长还可以对学习内容和学习方式作出选择，这是自导学习的一部分（在"核心理念4"中"学生的新角色"有说明）。

我们现行的教育体制是非常抗拒变化的，因而要作出重大改革时，就非得要制造一种危机感。为了避免这种情况发生，在信息时代体制下，我们设想的新范式是一个自我调整的学习型组织。正因为变化是持续的并且以用户为导向，所以发生危机的概率很小。导师负责调整自身的教学实践以适应社区和学生教育需求的变化，而不是让行政官员和政客来控制变化。

导师的选择权

导师可以选择使用哪个合伙团队或学习中心。在某种程度上，还可以选择和哪些导师一起工作。至于要雇用多少导师及哪些导师，任何一个给定合伙团队或学习中心的导师都完全有权利决定。导师可以随时尝试到另一个不同的合伙团队中进行教学，也可以选择任教学生的发展水平和教学内容的专业领域。新体制在做决定的时候摆脱了基于科层的决策过程。

行政管理结构

学区范围的行政体制有助于合伙团队和学习中心的发展。该体制的设计是为了起到支持的作用而不是为了控制。

"合伙团队支持机构"管理并支持新合伙团队的创建，也可能与现有的合伙团队签约，让它们为这些新创建的合伙团队提供服务——如，预算管理、采购支持、维修服务或提供运输工具。这些服务可以由外部的私人承包商来提供，当然要在合伙团队支持机构集体协商的基础上决定。

"学习中心支持机构"对学习中心也起着相同的作用。合伙团队和学习中心也可以不选择支持机构提供的服务，而是去雇佣那些能更好地满足自己需求的服务机构。这两个学区范围内的支持机构所需的预算支出都完全依赖于合伙团队和学习中心的收入情况，除了创建新的合伙团队和学习中心是直接由州拨款以外，其他机构的收入是由他们服务的学生人数决定的。

另外，合伙团队支持机构和学习中心支持机构可以合并成一个机构，以同时服务合伙团队和学习中心，这取决于具体的学区大小。

独立的"用户援助中心"是一个用于提供咨询服务的机构，旨在为学生找到合适的导师。当家长在选择导师的时候，它能提供诊断性测验，也能与学生交流以帮助他们做出最佳决定——事实上这也可以为那些不想参与这个过程的家长做出选择。这种方式确保了所有的学生都能找到最相配的导师，从而打破了原先的恶性循环。

同时，这个机构也为收集和宣传有关合伙团队、导师、学习中心及支持机构的信息提供监管服务。

PIES技术系统（参见"核心理念3"中的"技术和其他资源"）能自动分析教学工具的质量。该机构负责对每个导师和合伙团队进行绩效测评（基于学生的学业水平及其他因素方面），家长和学生可以随时获取这些测评结果。用户评分也被保留着以便后续能帮助学生和家长做出正确的选择。同样，合伙团队导师和学生也可以用类似的方式对学习中心的绩效进行测评。合伙团队和学习中心的导师也可以获取这些信息，以用于改善自己的教学。

"用户援助中心"的预算直接来源于州政府，并且还取决于所服务的学生数量，这样就保证了它的独立性和公正性。

治理结构

不管是在社区水平上还是州水平上进行管理，信息时代下的治理结构不同于目前工业时代体制下的治理结构。当地学区的学校董事会负责设置社区标准并监管其达成情况，他们还要监督各个单位（合伙团队、学习中心和学区支持机构）的工作效率。学区董事会还能裁定各个利益相关者（导师、家长、学生）之间出现的争议，并且还要维护好弱势学生群体的权利。学区董事会对教育体制中的大小事宜不会管得太细。客户导向的决策制定体制在教育决策中实行的是"地方问责制"。

学区董事会所需的资金可能会从多种方式筹集。由合伙团队根据收益情况而支付的费用或税收也许是比较有效的，但最好的选择或许是由当地财政税收来拨付。

信息时代范式下的州教育部门设置州级标准并且也要监控其达标情况。该部门不再对地方教育体制进行微观管理或者规定具体的学区或学校应该怎样达到标准；相反，会利用激励机制及应急措施来调整达标过程中存在的不足。

州教育部门还有一个功能即监管收入和支出的平衡，好似钱财搬运工。钱直接从州政府拨入每个合伙团队（绕过地方董事会），具体的数额要参考这样一个准则：综合考虑学生的数量、年龄、可能提出的特殊需求及为社会经济状况不佳的学生提供补偿。只有出现社区董事会解决不了的问题，才需要州级审查委员会出面。

用财产税收来支持公共教育事业是一种最倒退的方式。在目前的体制中，低收入人群最终要支付的学校税收占了总收入较大的比例，商业不景气的社区同样也处于一个弱势地位。然而，受经济增长或衰退的影响，州政府的财政税收会产生很大的波动，并且周期性巨额预算削减会给学校带来很大的负面影响。

一种解决方案是在州政府的所得税中设置一块教育专项资金，但是这个方案需要在经济增长的年份里为每年的教育预算储备一定比例的资金，这样在税收减少的年份里就可以继续维持预算了。

另一种解决方案是用财产税收来资助教育，税收比例可以在一定范围内增减，如此较便宜的住宅就可以少缴一点税。但是，这并未处理好某些内在的不平等现象，那些支付学校财产税的社区中，有一些会富裕些，另一些则更贫穷些，或者有一些社区中企业多些，另一些社区中企业少些。

新范式必须寻找一种新的税收体制，这种体制既能在整个经济周期内更加稳定，又能让采用不同方式支持新范式的社区之间更加平等。

与家庭服务系统合作

现代社会中，家庭服务要比以往任何时候都重要。在这个复杂的时代，抚养孩子变得更加困难。从正确安装儿童汽车座椅及监督网络的使用情况，到避免儿童受到危害及加强营养和锻炼等所有的事情，都沉重地压在父母身上，而这些父母往往还要完成全职的工作、参与孩子的志愿服务活动并且还试图挤出一点时间留给自己和朋友。

随着那么多不同意见、期望和研究的出现，家长越来越需要可靠的信息资源，需要有人来回答有关育儿、保健服务及其他更多的问题。社会服务机构和学校之间比以往任何时候都需要进行合作。

信息时代，为了真正满足学生的需求，我们认为广义上的学校系统就是一个有关学习和人类发展的系统。这样不管在社区层次上还是州层次上，学校系统与传统的家庭服务就有了很大的重叠之处。因此，新范式为0~5岁的儿童及其家庭提供了一整套的服务。密苏里州的独立学区已经为学生及其家庭实施了这样的服务。

家庭服务包括了提供医疗保健、家长教育、咨询服务、为在工作的父母提供保育服务及帮助提高家庭文化素养。在新范式下，大部分服务都由合伙团队的社会工作者提供，而保健工作者则在学校内或者儿童的家中提供服务。

在很长一段时间内，学校把大多数家庭连接到了一起。新范式尽可能地加强家校合作以支持家庭资源投入到教育中，从而最大限度地提高儿童在校的积极体验。

学习合作社

合伙团队和学习中心都是社区学习园地，它们跟公共图书馆一起，成为社区所有成员的学习场所。18岁以上的成人都必须想办法获得学分以便使用该中心，比如花时间帮他人学习、为他人看护小孩、在餐厅做志愿者、提供保管或维修服务，或者也可以是其他一些有助于合伙团队或学习中心运行的方式。

如此，一个星期7天，从早上一直到晚上学校都是向学生开放的，社区中的成年人也可以灵活地参与学习，而且费用也不高，他们可以利用这些学习机会改进工作技能、提高育儿技巧及获取其他需要的信息，这些措施对加强社区建设都是有益的。

此外，社区成员要支持学生在社区、合伙团队及学习中心的学习。学生偶尔还会与社区成年指导老师一起参与包括服务学习在内的各种项目。为了确保其安全性和可靠性，所有为学校提供志愿服务的成年人必须通过相应的背景审核，并且办妥相关责任保险及澄清法律问题。假如这些"后勤服务"都能恰当地处理好，那么，"学习合作社"就不仅能降低公共教育的成本，而且也能使其成为一个有效的教育系统，从而真正服务于大众。

信息时代教育范式下的大部分核心理念都可以从当前关于人的发展和学习过程的研究中找到依据。其中有一些理念还需要进行调整；有一些理念在实施的时候，会由于社区的不同甚至是同一社区内合伙团队的不同而出现差异的情况；而更多的理念则需要进一步通过实践加以细化。但我们希望这个愿景能提供一个有益的参考，有助于你跳出工业时代下关于教育的思维定势，转而投身到重塑美国教育范式的协同努力中，以形成一个能满足信息时代下学生及社区真实需求的行之有效的体制。

第七节 组织/激励结构变革

信息时代教育范式中的这6个核心理念对教育系统的结构有着重大的影响。为了考察这些影响作用，首先要考虑工业时代范式的结构特征：

◇年级

◇课时

◇教室

◇课程
◇分数

现在似乎不存在一个缺乏以上这些特征的学校体制，但在农耕时代范式下的单间校舍中却没有这样的特征。这些特征满足了工业时代的重要需求，但在信息时代却不适用。而且，这些现代教育体制的组成部分实际上可能就是当前教育问题存在的源头。

◇年级分层与新范式是互不相容的，因为每位学生的学习速度是不一样的，因此成绩达标的时间与开始学习新任务的时间也就不一样了。年级分层在基于时间、聚焦分类的范式中，是至关重要的特征，能很好地服务于工业时代，但却不能满足信息时代的教育需求。

◇课时通常是武断地将学习切断，而不管学生是否已经掌握了该"学习片段"中的内容。固定的课时只对筛选分类的范式有好处，却不适合聚焦学习的范式。

◇教室的设计只是为了让一位教师带着 25 个或更多的学生开展学习。在新范式下，有必要为导师之间及学生之间的合作预留一定的空间。在这些学习空间里，必须要有丰富的资源（包括技术）和项目作业区。

◇课程对那些自己选择学习内容的学生来说就缺少了灵活性。与其这样，还不如把学习内容细化为有着具体的成绩达标要求的小单元或者模块，并确定如何才能证明已经真正理解了学习内容。

◇分数主要是为了学生之间进行相互比较，从中你无法了解学生已经学会了什么。所以，分数只有在筛选分类的体制下才是适用的，对聚焦学习的体制来说是行不通的，只有聚焦学习才能真正致力于不让一位儿童掉队。

如果明白了两种范式的结构特征之间是这么的格格不入，那么我们就会认识到范式变革已经是如此紧迫了。虽然在具体实施的时候可能会随着时间及各个学校系统的差异而发生变化，不过这六个核心理念为改革指明了大体的方向。

最后，在不久的将来，随着教育系统不断沿着 S 曲线向前发展，能满足现在及将来学生需求的教育体制会变得更加清晰明了，并保持其向上势头。新范式的早期版本虽然还不完善，有待继续改进，但是它们已然超越了当前的范式。

第八节　成本效益

信息时代范式下的学校比工厂模式下的学校成本要低得多，理由如下：

◇基于成绩达标的学生学习进程大大提高了教育体制的有效性，它让学习速度快的学生继续学习新内容而不浪费大量时间，也避免了学生因催促学习速度慢而产生学习失败的体验。如果让这两类学生以同一进度学习，那么他们之间的差距会越来越大，以至于以后学习相关材料的时候会更加困难。

◇项目学习加强了学生的学习动机——当项目与学生的兴趣紧密相连时——同样也会提高教育工作的实效性。

◇项目学习运用了真实情境的项目，这样就会促使学生所学的技能更好地迁移到现实生活中。

◇取消科层结构节省了一部分资金，特别是在规模较大的官僚科层严重的学区中更是如此。

◇有了助教和实习生（初级导师）的教学支持，同一发展水平上的导师就可以接收更多的学生，并且还能为学生提供个性化关注。这样用于每位学生的花费就减少了。

◇自导学习、合作学习与同伴辅导，所有高效率的学习模式，都只需要导师花费极少的时间，这样他们就可以有效地帮助更多的学生，降低每位学生的成本。学生也许是我们在教育中最未能充分利用的资源。

◇学习合作社理念让家长、成年人及其他志愿者在帮助学生学习的过程中发挥了更有意义的作用。通过鼓励志愿者支持合伙团队和学习中心以换取使用该系统资源的权利，以此来帮助自己进一步学习，社区中的成年人为学生提供了额外的与人交往的机会，同时也降低了劳动力成本并形成更强的社区意识。

◇日渐经济有效的技术提供了许多能节约劳动力的教学工具，这些教学工具可以让导师帮助更多的学生，同时还能提供个性化的学习及一个充满关爱的学习环境。

即使新范式所花费的成本不比当前的范式低，但是它在促进学生学习这一点上会更有效，所以相比较而言它仍比当前的范式经济有效。

此外，还有一种社会成本是有的学生不能很好地适应现代生活，包括犯罪率高、吸毒、恃强凌弱、暴力及不道德的行为等。信息时代范式帮助学生建立和维持良好的人际关系，发展社会的、情感的智能及高尚的道德品格；同时也更有助于人们在工作中获得成功。

第三章详细描述了那些已经开始运用信息时代范式的学校，由此也展示了不同的社区是如何实施这六个核心理念的。

本章小结

◇新教育范式的核心理念是基于信息时代的关键性特征及教育需求而提出的。

◇对信息时代教育范式下的六个核心理念予以探讨，主要是为了引起人们思考教育有哪些可能性，当然还要明白在实施这些理念时，不同的社区可能会采取不同的方式。

◇表2.1是对这六个核心理念的总结。

◇分数、年级、课时、教室和课程这些概念与新范式的核心理念是相矛盾的。

◇新范式比工厂模式的学校更行之有效，因为它应用了基于成绩达标的学生学习进度（避免了浪费大量时间）和项目学习（增加了学生的动机并加强了其迁移能力），取消了官僚科层体制，得到了助教和实习生的支持，开展了自导学习、同伴互助或者合作学习，利用了学习的协作理念和更多技术性工具和材料，节约了重要的社会成本。

表2.1　学习中心范式的核心理念

重在成绩达标	学生的学习进度	每位学生在继续学习新内容前须先达标，并且一旦达标后应该允许学生马上开始新的学习。
	测验	用形成性评估来帮助学生继续学习，用总结性评估来确定学生是否已经掌握了学习目标。这个过程中并不用分数、平均分或其他学生与学生之间的比较方式。
	学生报告单	从成绩报告单上我们可以看出学生已经达到了什么标准（而不是分数），每个成绩可能还被放到档案里。

生本中心教学	个性化	每位学生都有根据个人需求制定（内容和方法）的个人计划。
	基于项目	学生参与吸引人的、真实的项目以达到相应的目标要求。
	协作	通常学生是以小团队的方式进行项目学习的。
	个人教学支持	在项目学习期间，教学支持能及时地为学生掌握技能提供个别指导。
	特殊需求	所有学生都是独一无二并且都与其他学生紧密联系。
扩展课程视界	达成必须技能秘书委员会	基本技能。
		思维技能和创造性。
		个性品质。
		多种能力。
	21世纪技能	核心课程。
		21世纪跨学科主题。
		学习和创新技能。
		信息、媒体和技术技能。
		生活和职业技能。
	全面发展	涉及学生发展的全部方面，包括情感、社交、身体、性格以及认知的发展。
转换各自角色	教师	导师都是有爱心的，鼓励学生参与的辅导者、设计者（和/或者挑选者）、学习的促进者、终身学习者及合伙团队的拥有者。
	学生	学生在学习过程中是能自我指导的学习者、小先生及协作的参与者。
	家长	家长积极参与学习内容的决策并能帮助孩子开展学习，而且家长也可以对学校如何运营提出建议。
	技术和资源	技术和"手持式"资源对支持计划、学习、评价、记录、合作和交流都起了关键的作用。

培育学校文化	小型学校规模	小规模学习社区有利于培养学生的责任、爱心和领导力，也有利于改善工作人员的生活质量。
	良好的关系	学生、导师、家长和规模较大的社区之间关系密切。
	跨龄指导	每位学生都由同一位导师负责一个发展阶段（大概3年）。
	混龄分组	一位导师的学生是平均分布在一个发展阶段中的。
	愉快学习	通过参与和学生生活、兴趣有关的真实的、吸引人的项目学习来激发学生的内部动机。
	导师参与学习	导师通过和学生一起学习、向学生学习、为学生学习及熟悉有关学生的情况，从而为学生树立终身学习的榜样。
	家庭服务	学校与社会服务机构合作从而为不同的家庭提供特殊的服务。
组织/激励结构变革	合伙团队取代学校	大约4~10名导师就可以拥有自己的小规模公立学校。
	学习中心	其他的导师有自己的学习中心，所有合伙团队学生都可以在这些学习中选择不同的关注领域。中心包括购物中心、社区中心和移动中心。
	学生和家长的选择权	学生和家长可以参与选择导师（自然也包括合伙团队和教学楼）及学习的内容和方法。学生对导师的需求会影响他们的薪酬。当然，其中排除了采用行政作出决定的做法。
	导师的选择权	导师有参与选择共事者和学校如何运营的权利。
	行政管理结构	合伙团队支持机构和学习中心支持机构支持（不控制）合伙团队和学习中心。客户援助机构有利于帮助学生和家长进行选择。
	治理机构	学区董事会设置并监控社区标准、仲裁争论及支持合伙团队学习中心。州董事会和教育部设置并监控州标准、支持当地部门并管理财政。
	与其他家庭服务体制的关系	学校和许多机构协作以在学校范围内提供服务。
	学习合作社	学校是学习的场所，社区的所有成员都可以去学习，条件是贡献自己的技能和服务。

注释:

1. IEPs 主要用在特殊教育领域。
2. 内部动机指的是来自学生内心的动机,与外部动机相反,外部动机主要来自分数、表扬或者钱财等外部因素。

相关阅读文献

American Psychological Association Presidential Task Force on Psychology in Education. *Learner-Centered Psychological Principles: Guidelines for School Redesign and Reform*. Washington, DC: American Psychological Association and the Mid-Continent Regional Educational Laboratory, 1993.

Bransford, John D., Brown, Ann L., and Cocking, Rodney R. (Eds.). *How People Learn*. Washington, D. C.: National Academy Press, 2000.

Covington, Martin V. "The Myth of Intensification." *Educational Researcher* 25, No. 8 (1996): 24-27.

Darling-Hammond, Linda. *Redesigning Schools: What Matters and What Works 10 Features of Good Small Schools*. Stanford, CA: School Redesign Network at Stanford University, 2002.

Egol, Morton. *The Education Revolution: Spectacular Learning at Lower Cost*. Tenafly, NJ: Wisdom Dynamics, 2003.

Gardner, Howard E. *Frames of Mind*. New York: Basic Books, 1983.

Goleman, Daniel. *Emotional Intelligence: Why it Can Matter More than IQ*. New York: Bantam Books, 1995.

——. *Working with Emotional Intelligence*. New York: Bantam Books, 1998.

Jonassen, David. *Learning to Solve Problems: A Handbook for Designing Problem-Solving Learning Environments*. New York: Routledge, 2011.

Lewis, Catherine, Marilyn Watson, and Eric Schaps. "Recapturing Education's Full Mission: Educating for Social, Ethical, and Intellectual Development. In *Instructional-Design Theories and Models: A New Paradigm of Instructional Theory*, edited by Charles M. Reigeluth, Vol. II, 511-36. Mahwah, NJ: Lawrence Erlbaum Associates, 1999.

Lickona, Thomas. *Educating for Character*. New York: Bantam Books, 1991.

McClelland, David C. *The Achieving Society*. New York: Irvington Publishers, 1976.

McCombs, Barbara. The Learner-Centered Model: From the Vision to the Future. In *Interdisciplinary Handbook of the Person-Centered Approach: Connections Beyond Psychotherapy*, edited by Jeffrey. H. D. Cornelius-White, Renate MotschnigPitrik, and Michael Lux. New York: Springer, 2013.

McCombs, Barbara, and Lynda Miller. *Learner-Centered classroom practices and Assessments: Maximizing Students Motivation, Learning, and Achievement*. Thousand Oaks, CA: Corwin Press, 2007.

McCombs, Barbara, and Whisler, Jo S. *The Learner-Centered Classroom and School: Strategies for Increasing Student Motivation and Achievement*. San Francisco: Jossey-Bass Publishers, 1997.

Miliband, David. "Choice and Voice in Personalised Learning." In *Schooling for Tomorrow: Personalising Education*, edited by OECD, 21-30. Paris: OECD Publishing, 2006.

Perkins, David N. *Smart Schools*. New York: The Free Press, 1995.

——. *Making Learning Whole: How Seven Principles of Teaching Can Transform Education*. San Francisco: Jossey-Bass, 2010.

Reigeluth, Charles M. "The Search for Meaningful Reform: A Third-Wave Educational System." *Journal of Instructional Development* 10 No. 4 (1987): 3-14.

——. ed. *Instructional-Design Theories and Models: A New Paradigm of Instructional Theory* (Vol. II). Mahwah, N. J.: Lawrence Erlbaum Associates, 1999.

——. "Instructional Theory and Technology for a Post-Industrial World. In *Trends and Issues in Instructional Design and Technology* (3rd ed.), edited by Robert A. Reiser & John V. Dempsey, 75-83. Boston: Pearson Education, 2012.

Reigeluth, Charles M., and Garfinkle, Robert J. "Envisioning a New System of Education." In *Systemic Change in Education*, edited by Charles M. Reigeluth and Robert J. Garfinkle, 59-70. Englewood Cliffs, NJ: Educational Technology Publications, 1994.

Reigeluth, Charles M., Watson, Sunnie L., Watson, William R., Dutta, Pratima, Chen, Zengguan, and Powell, Nathan. "Roles for Technology in the Information-Age Paradigm of Education: Learning Management Systems." *Educational Technology* 48 No. 6 (2009), 32-39.

Savery, John R. "Problem-Based Approach to Instruction." In *Instructional-Design Theories and Models: Building a Common Knowledge Base*, edited by Charles M. Reigeluth and Alison A. Carr-Chellman, 143-165. New York: Routledge, 2009.

Schlechty, Phillip C. *Working on the Work*. New York: John Wiley & Sons, 2002.

Schwartz, Daniel L., Xiaodong Lin, Sean Brophy, and J. D. Bransford. "Toward the Development of Flexibly Adaptive Instructional Designs." In *Instructional-Design Theories and Models: A New Paradigm of Instructional Theory*, edited by Charles M. Reigeluth, Vol. II, 183-213. Mahwah, NJ: Lawrence Erlbaum Associates, 1999.

Sturgis, Chris, and Patrick, Susan. "When Success Is the Only Option: Designing Competency-Based Pathways for Next Generation Learning." Vienna, VA: International Association for K-12 Online Learning, 2010. Available at http://www.inacol.org/research/docs/iNACOL_SuccessOnlyOptn.pdf.

Wagner, Tony. *Making the Grade: Reinventing America's Schools*. New York: RoutledgeFalmer, 2002.

Weimer, Maryellen. *Learner-Centered Teaching: Five Key Changes to Practice*. San Francisco: Jossey-Bass, 2002.

Wolf, Mary Ann. "Innovate to Educate: System [Re] Design for Personalized Learning." Washington, D.C.: Software & Information Industry Association, 2010.

Yonezawa, Susan, Larry McClure, and Makeba Jones. "Personalization in Schools." In *Students at the center series*. Quincy, MA: Nellie Mae Education Foundation, April 2012. Available at http://www.nmefoundation.org/research/personalization/personalization-in-schools.

相关网站资源

EDUCAUSE: http://www.educause.edu

The Khan Academy: http://www.khanacademy.org

The Knowledge Works Foundation: http://knowledgeworks.org

The National School Boards Association's Center for Public Education: www.centerforpubliceducation.org

The Nellie Mae Education Foundation: http://www.nmefoundation.org

The New Commission on the Skills of the American Workforce: www.skillscommission.org

Next Generation Learning Challenges:http://nextgenlearning.org

The Partnership for 21st Century Skills:http://www.21stcenturyskills.org/

The Secretary's Commission on Achieving Necessary Skills:wdr.doleta.gov/SCANS/what-work/

The Software & Information Industry Association:http://www.siia.net

The Virginia Council on Economic Education:http://www.vcee.org/programs-awards/view/3

第三章 新范式的试验样本

为信息时代所设想的这种基于成绩达标的范式,我们并不感到陌生。一个多世纪以来,多亏了像玛利亚·蒙台梭利及约翰·杜威这些充满想象力的思想家以及童子军的创意,该范式已经以多种形态蓬勃发展起来了。但是,因为这种教育范式与工业时代社会及其思维方式不相容,故其还没有成为主导美国教育的范式。

本章中我们将指出,前一章说明的信息时代教育范式下的六个核心理念是如何应用于三种不同类型的学校体制。这三种学校体制分别是:

◇一所学校,明尼苏达新乡村学校
◇一个学区,楚加奇学区
◇广泛的国际学校模式,蒙台梭利体制

在这三个学校案例的研究中,我们都将呈现各自学校体制的总体情况、已取得良好效果的证据及六个核心理念的实施情况表,同时也会进一步说明在这些学校体制中,是如何实施六个核心理念的。

另外,我们将会在附录 A 中呈现有关这三个学校体制比较情况的一览表。

第一节 明尼苏达新乡村学校(远见教育学校)

明尼苏达新乡村学校(MNCS)是一所公立的特许学校,它位于明尼苏达州亨德森市。始建立于 1994 年,现有六到十二年级学生 110 名。因其办学成效显著(见下文说明),所以获得了比尔和孟林达·盖茨基金会多达四百万美元的资助。利用这些资金,他们建立了一个旨在帮助其他学校采纳 MNCS 模式的非营利性机构——远见教育学校(EDVision)。到目前为止,该机构已经帮助了四十多所学校采纳了 MNCS 模式,这在其后的案例研究中会详细说明。

效果证据

在 2010~2011 年度报告中,MNCS 公布了下列教学效果指标:

◇2007~2008 年,MNCS 毕业生的 ACT(美国大学入学考试)综合平均分为 25.7（全国平均分为 20.9）。

◇2010～2011 年，MNCS 毕业生的 ACT 综合平均分为 25.0（全国平均分为 21.1）。

远见教育学校还在其网站上发布了下列教学效果指标：

◇2007～2008 年，远见教育学校学生的 ACT 综合平均分是 22.3（全国平均分为 21.0）。

◇2007～2008 年，远见教育学校学生的 SAT（学术评估考试，即美国高考）综合平均分是 1749（全国平均分为 1518）。

◇2008 年，超过 82% 的远见教育学校毕业生又继续学习 2 年或 4 年制的学位课程（全国平均是 68%）。

◇来自远见教育学校的旗舰学校——MNCS 校友录上的报导，毕业生中有 69% 左右的学生都完成了 2 年或 4 年制的学位课程，还有 22% 仍在就读中——总数高达 91%！

◇92% 的 MNCS 毕业生认为他们在大学入学时比其他同龄人准备得更充分。

◇明尼苏达远见教育学校中大约有 83% 的毕业生认为他们有能力实现自己的目标。

◇在 MNCS 校友录上参加工作的学生中，72% 的毕业生对他们目前从事的工作"热爱"或"非常热爱"。

值得关注的是远见教育学校也采取了一些打破传统的措施。就生活技能方面而言，一项关于 MNCS 毕业生的调查报导了那些曾在学校学习技能方面取得良好或优秀等级的毕业生的百分比，详细结果可参阅表 3.1。

表 3.1 在 MNCS 所学技能的评分

在 MNCS 所学的技能	MNCS 毕业生中技能掌握达到良好或优秀等级的百分比（%）
创造力	100
问题解决能力	95
决策能力	91
时间管理能力	87

查找信息能力	100
学会学习能力	91
责任感	92
自尊心	84
社交技能	79
自我指导能力	92
领导力	84

核心理念

我们在表3.2中针对MNCS全面实施六个核心理念的情况作了一个粗略的估测，其中使用了六级量表："0"代表该核心理念的使用情况不明显，"5"代表在我们看来，该理念在该校已经得到了完美实施。继此表之后，我们阐释了这些核心理念在MNCS实施的过程。如果你还想了解更多有关MNCS和远见教育学校的信息，请参阅以下网址：

www. newcountryschool. com/

www. edvisions. com/custom/SplashPage. asp

www. whatkidcando. org/archives/portfoliosmallschools/MNCS. html

表3.2　MNCS实施的核心理念

1. 基于成绩达标	基于成绩达标的学习进度	5
	基于成绩达标的评估和认证	5
	基于成绩达标的学生记录情况	5
2. 生本中心教学	定制化（个性化）学习	5
	项目（任务）学习	5
	合作学习	3
	个性化教学支持	5
3. 拓展课程视界	美国劳工部就业技能委员会的建议课程	4
	21世纪技能	4
	全面发展	5

4. 转换各自角色	教师（导师）	5
	学生	5
	家长	4
	技术	3
5. 培育学校文化	小型学校规模	5
	良好的关系	5
	跨龄指导	5
	混龄分组	5
	愉快学习	5
	导师参与学习	3
	家庭服务	0
6. 组织/激励结构变革	合伙团队取代学校	5
	学习中心	3
	学生的选择权	5
	导师的选择权	5
	行政管理结构	NA
	治理结构	NA
	与其他家庭服务体制的关系	4
	学习合作社	0

注：数字代表核心理念实施的力度，数字 5 代表实施力度最强，NA 代表不适用。

核心理念 1：基于成绩达标

在该学校，学生是否成功地完成项目是衡量其进步与否的基础。在学生完成一个项目之后，他们必须要在父母、学生的导师以及两个其他的顾问教师（本书中我们称其为"导师"）组成的专门小组（与之前批准该项目计划书属同一个小组）面前展示自己的任务并进行答辩。

每位学生会为每个项目设计详细的自我评估量规，该量规包括三个主要类目：项目技能（如任务的完成情况）、批判性思维能力和行为表现能力（如组织能力）。完成项目后，学生获得的是学分，而不是分数。专门小组会通过真实性评价得出学生的实际成绩达标情况，据此再决定该生将获得的具体学分。

高中生若想毕业，就必须修完州标准规定的全部必修课程，并取得70个项目学分、具备必需的生活技能以及完成一个高级项目。

核心理念 2：生本中心教学

学生将基于自我指导学习、个性化学习以及小组项目学习来制定自己的学习计划。每位学生都要和导师一起合作完成一个项目计划表，该表包括他具体要做什么、要用到何种材料、完成项目的时间、要达到哪些州标准以及完成这个项目后能拿到多少学分等。这个学习计划必须得到专门小组（与之前批准该项目计划书属同一个小组）的同意之后才能着手进行。所通过的计划书就相当于一个学习合同。

这个过程允许每位学生都能以自己的方式、主要根据自己的步调去探究自己感兴趣的话题。他还可以和学校里不同的导师（并且经常与其他同学一起）、当地社区的专家以及当地大学的教授一起合作完成自己的项目。

学校往往会为支持学生的项目而特地举办"供需见面会"和"实施研讨会"，从而提供直导教学和操练。当诊断性评估揭示出学生实际需求时，学校据此会为个人或者小组提供基本的技能教学。学生将积极参与各种体验性活动，比如服务性学习、乡土见闻、实习，甚至还有社区大学的课程。

有认知障碍的孩子与其他孩子一样拥有相同的自我指导和项目学习经历。该校没有追随大流让有特殊需要的儿童进入专门的标准化教室学习，恰好相反，所有的学生都可以按照自己的个人学习计划进行个性化学习。

核心理念 3：拓展课程视界

最近，MNCS为学生设立了三个方面的要求：尊重/责任感、学业成绩以及参与度。每一方面都有四个发展层级，并且每个学生的权限也会随着层级提高而增加。比如，就责任感而言，一级水平的学生要在监督下才能使用电脑和网络，然而四级水平的学生则可以在任何时候使用个人电脑和网络。

除了这三个核心方面之外，学生在社会、情感以及其他方面也都通过小组项目、维和行动模拟学习、生活技能、恢复性司法项目以及别的方式（在MNCS《2011～2012年年度报告》中有介绍）得以发展。

尽管学生的学业成绩需要遵循明尼苏达州的州课程标准，但是他们仍然可以设计自己的跨学科项目以达到标准。还有一些明确的要求和规则，包括预期每年至少拿到 10 个学分以及毕业之前总共要拿到 70 个学分。一学分大致相当于一百个小时的学习量，但是也可以根据学生努力的程度来做调整，这样就很少以时间作为标准来衡量，而更多地依赖成绩达标的情况。另外，学校要求每个学生每天至少要在数学上花一个小时，同时也要求他们每天必须有一段专心阅读的时间。

核心理念 4：转换各自角色

MNCS 的教师被称作"导师"，他们主要负有两种职责：教学和管理。

就教学而言，导师是学习的促进者而不是知识的传递者。这就意味着导师并不为学生规定课程的先后顺序，不为每个课程设立教学大纲，也不给学生挑选阅读文本、安排任务、限定截止日期、检测学生的进步情况或者给学生打分。事实上，在我们所知的美国现行的教育体制下，没有任何课程是这样的。相反，正如前一章节"核心理念 2：生本中心教学"中说明的那样，学生在导师的指导下可以自己管理这些事情。每位导师都是一个多面手，他可以作为 15~18 个学生小组的"指导者"（mentor），称之为导师，同时也可以作为一两个特定学科领域的专家。

就行政管理而言，导师在不设校长的情况下共同经营学校（这在核心理念 6 部分会更详细介绍）。

学生是自我指导的学习者，导师会定期通过电话或电子邮件与家长取得联系，以此鼓励他们多多参与孩子的学习。每个指导小组会派出两名代表组成一个学生参议院，学生通过每周定期召开会议，民主参与学校的运作。

MNCS 有高科技的学习环境，所有的学生都有自己的联网电脑，有责任心的学生上网可以不受限制。

2005 年，学校采用了"项目工场"（Project Foundry），一种电子标准跟踪和记录系统，来帮助学生管理自己的项目和学习进度，也帮助教师们监控和支持学生的进步。同时，它也能帮助处理学生的电子档案。因而，技术在 MNCS 发挥着越来越核心的作用，但其大部分还是被用在项目管理和资源利用方面，极少用于直接的教学上。另外，学校也鼓励学生之间相互学习。

核心理念 5：培育学校文化

这个学校规模不大，大约有 110 个学生。学校竭诚为建立学生、导师以及社区成员之间的关系而努力。为此，学校并不主张过多采用个性化计算机辅助教学。指导小组里的成员年龄各异，几乎跨越了所有年龄段，并没有按其发展水平分组。每位导师都相当了解并关爱自己的学生。学校很少提供家庭服务，但特别强调学生的内部学习动机和自我指导的学习。

核心理念6：组织/激励结构变革

MNCS，作为远见教育学校的旗舰学校之一，是一个生本中心的小型专业机构。远见教育学校将学生数量控制在150人以下，学校不设校长，也不设行政办公室来管理各种事务，而是由导师直接拥有和经营，因此，它符合第2章中介绍的关于"合伙团队"的定义。

MNCS有一间17,000平方英尺的教室，被称作"中庭"（Atrium），学生大部分时间都待在这里，其实它更像是农耕时代的单间校舍。这幢教学楼里也有一些小房间，专门作为学习中心，其中包括：

◇一间科学教室，学生做实验用

◇一间艺术工作室，里面有陶轮和窑房、录音棚以及制作彩色玻璃和印刷T恤用的材料

◇一间温室

◇一个木工工场

◇一间机械/金属店

◇一个多媒体中心

所有在MNCS上学的学生都是自己选择这所公立特许学校的。而且，学年伊始，学生先要选择几个自己向往的导师并进行排序，之后，学校通常会尊重学生的意见，尽量予以满足。导师的工作有赖于学校能否吸引足够多的生源。这就大大地激励他们想方设法去满足学生的需求、倾听家长的心声，这也就是决策系统中的客户驱动因素。不过，由于所有的行政决策都是由导师共同协商制定的，因此也有一个基于同伴的决策因素。对导师来说，还有一种刺激因素就是绩效工资，这就需要根据同事、学生以及家长的评估来定。

为了有助于学生组织学习，学校安排了校历。整个学年以5~7星期为一时段进行正常的教学活动。每一个时段都会为导师预留一个制订计划周，用来讨论和思考指导学生学习的方法。同事、学生以及家长会对导师的教学作出评价，评价的结果不仅为导师提供了有价值的信息，同时也有助于组织下一步的学习。

学校不设校长，由导师通过协商模式共同合作经营，主要涉及教学和管理两个方面。导师合作团队与学校董事会签订合同以提供管理和其他方面的服务。学校设有7个管理委员会，主要负责在法律范围内制定学校内部有关教学和管理方面的决策（包括预算和人员配备），并且每位导师至少要在其中担任两个职位。

学校每年选举出八名成员组成校董事会来管理学校事务。现行的模式是：四位职员、三位家长以及一位社区成员（见图3.1）。财务委员会处理财务和支票签字方面的事务。如今学校的授权机构是"更替教育机会"，它是一个专门的授权机构（以前当地学区是授权机构）。授权机构负责监督以确保学校在学术、预算以及行政管理方面都能达到标准。

MNCS签约了多家能提供服务的单位。学校与江湾教育学区（River Bend Education District）签订协议，使其作为特殊教育指导者并提供相应的服务，包括：每周一天要有一位学校心理学专家现场提供咨询服务，而且，当需要解决自闭症、听力、语言以及转移需求（高中毕业后让有残疾的学生学会自理生活）时，应有相关专家予以指导帮助。MNCS也与锡布利县公共卫生机构签订协议，让其每周至少要抽出一天时间提供护理服务。随着需求的增加，它还将与其他代理机构签订合约。

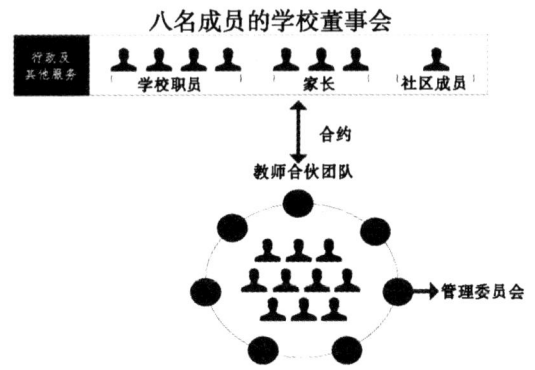

图3.1 MNCS组织结构表

成本效益

在学生的学习费用上，MNCS比明尼苏达州的一般学校更低些。它还有很多其他节约资金的措施，如学生每天打扫校园，这不仅可以让他们拥有更多的主人翁意识和自豪感，同时也可以节约更多的资金。

相关阅读文献

Aslan, Sinem. "Investigating 'The Coolest School In America': A Study of a Learner-Centered School and Educational Technology in the Information Age." PhD dis., Indiana University, 2012.

Dirkswager, Edward J. (Ed.). *Teachers as Owners: A Key to Revitalizing Public Education*. Lanham, MD: Scarecrow Press, 2002.

Minnesota New Country School. *2011-2012 Annual Report*. Available at http://www.newcountryschool.com/wp-content/uploads/2012/04/Annual-Report-2011-12.pdf

Newell, Ronald J. *Passion for Learning: How Project-Based Learning Meets the Needs of 21ˢᵗ-Century Students*. Lanham, MD: Scarecrow Press, 2003.

Thomas, Doug, Enloe, Walter, and Newell, Ron J. (Eds.) *"The Coolest School in America": How Small Learning Communities Are Changing Everything*. Lanham, MD: Scarecrow Press, 2005.

第二节　楚加奇学区

楚加奇学区（Chugach School District，CSD）的办公地坐落在阿拉斯加的安克雷奇市，大约有300名学生，分散在整个阿拉斯加中南部22,000平方英里的人烟稀少的地区。鉴于它的地理环境和学生分布情况，CSD需要按照一套因地制宜的而不是标准化的教育体制来运作。

CSD中一半以上的学生在学校帮助下在家上学，其他学生则选择在不同社区的三所学校就读。这是一个综合的、基于成绩达标的体制，提供从学前到21岁的教育。

今天的CSD是罗杰·桑普森（Roger Sampson）于1994年启动范式变革尝试的产物。CSD一周七天、一天二十四小时的教育无时不在，无处不在。工作场所、社区、家里以及学校都是教育场所，该校一半的学生都是阿拉斯加本地人。

效果证据

根据"学校网络联盟"（The Consortium for School Networking，CoSN）的报

告,"在加利福尼亚成绩测验中,CSD一直很引人注目:阅读分数从1995年的第28个百分位增加到1999年的第71个百分位,数学分数从第54个百分位增长到第78个百分位,语文从第26个百分位上升到第72个百分位。自1994年以来,CSD 17个毕业生中就有14个在高等院校就读(与之前20年内只有几个人就读相比)……教师的人员流动率从50%以上降到了12%"。[1]

2001年,CSD赢得了"马尔科姆·鲍德里奇国家质量奖"(该奖用来表彰优良业绩),它是获得该奖项的最小机构,也是第一批赢得该奖项的教育机构之一。同时,它也是美国唯一获得"新美国高中奖"(the New American High School Award)的学区,该奖是为业绩优秀的中学进行奖励的一个国家奖项。[2]

2002年,温迪·巴提诺(Wendy Battino)、瑞克·施赖伯(Rick Schreiber)和理查德·洛伦佐(Rich De Lorenzo)成立了重塑学校联盟(Re-Inventing Schools Coalition, RISC),旨在帮助其他学区采纳CSD模式(www.reinventingschools.org),不过,CSD和RISC之间并没有正式的关系。

核心理念

我们在表3.3中就CSD是如何完全实施六个核心理念的情况作了一个粗略的估计,至于具体的实施情况随后将一一介绍,想要了解更多有关该学区的信息可以参阅以下网址:

www. chugachschools. com

www. edutopia. org/chugach-school-district-reform3d2know. cosn. otg/best_practices/chugach. html

www. nwrel. org/nwedu/09-02/chugach. asp

表3.3 CSD实施的核心理念

1. 基于成绩达标	基于成绩达标的学习进度	5
	基于成绩达标的评估和认证	5
	基于成绩达标的学生记录情况	5
2. 生本中心教学	定制化(个性化)学习	5
	项目(任务)学习	4
	合作学习	4

		个性化教学支持	4
3. 拓展课程视界		达成必须技能秘书委员会建议的课程	3
		21世纪技能	4
		全面发展	4
4. 转换各自角色		教师（导师）	5
		学生	5
		家长	1
		技术	4
5. 培育学校文化		小型学校规模	5
		良好的关系	4
		跨龄指导	5
		混龄分组	5
		愉快学习	3
		导师参与学习	5
		家庭服务	0
6. 组织/激励结构变革		合伙团队取代学校	3
		学习中心	2
		学生的选择权	3
		导师的选择权	3
		行政管理结构	2
		治理结构	2
		与其他家庭服务体制的关系	4
		学习合作社	0

注：数字代表核心理念实施的力度，数字5代表力度最强。

核心理念1：基于成绩达标

CSD中的每位学生都有一份学习档案，记录着他们现有的成绩达标水平（也包括如核心理念2中描述的学习风格、优缺点等）。学习档案也可以用来告知学生、教师以及家长有关学生的进步状况。

每个中学生都知道自己处于何种水平，比如，他可能在数学学习方面处于第

5级，阅读处在第7级，职业发展处在第6级等等。他必须先掌握前一级的内容后才能进入下一级的学习。

教师不直接给学生打分数，而是根据每一个标准的四个等级评定他应该属于哪个等级：

◇基础级（emerging）；

◇提高级（developing）；

◇精通级（proficient）；

◇专家级（advanced）。

等级的评定可以通过不同的方式，包括观察、项目、书面作业、行为表现、测验以及档案袋。学生必须学习每一层级上的各门科目，而且必须至少要有一门达到"精通级"水平才能算过关。每个学生都有一个电子板的评估档案，相当于最初的评估活页夹，其中包含了与标准相匹配的信息（正式的信息和非正式的信息都有）。另外，每个学生也都有一个"学生生活技能档案"，以支持和记录他在各项标准的精通水平。

核心理念2：生本中心教学

每个学生的"学习档案"都记录着各自的学习风格、优缺点以及进步情况。教师和学生用该档案量身定制教学，即根据档案信息制定"个人学习计划"，该学习计划包含学习目标、实施计划的过程、截止日期和问责措施。其中学习目标和问责措施由学生自己来设定。

学区的某些标准也可以通过让学生完成项目任务来达到，特别是那些与现实世界相关的任务，比如研究气候变化对当地的影响。学生和教师一起合作以厘清学生、学校以及社区的需要和兴趣，进而设定与他们生活息息相关的、有意义的任务。然后，围绕这一任务，设计直导教学和应用性教学以帮助学生习得成功完成任务所必需的技能。教科书和其他的一些学习材料的作用是支持教学，它们和学生的个人标准结合以共同完成学习目标。

从某种程度上讲，所有的儿童都有其特殊的需求。因而，应该为不同的儿童定制不同的学习经历以满足他们各自的需求。

核心理念3：拓展课程视界

CSD有1000多套学习标准，范围包括从幼儿园直到高中毕业。这些标准又可分为10个领域，其中5个是常见学科，如数学、阅读、写作、科学以及社会，另外还包括个性的、社交的、体育/健康及服务方面的学习，还有职业发展、技术、沟通以及文化（特别是南阿拉斯加文化，即该地区阿拉斯加本地人的主要文化）。因而，课程关注了整个儿童，教育系统也考虑到了儿童的全面发展。

学校把这些标准分解落实到个人的技能水平。比如，阅读理解分解为以下标准：知道孤立单词的发音和借助回忆复述故事。标准的设置要考虑到每个阶段的连续性，学生必须在掌握了一个标准之后才能进入下一个阶段的学习（当然经常会用跨学科的任务以掌握这些标准）。因而，CSD要求其学生至少在两个主要方面超过州标准才能毕业。首先，所有学生必须在所有的标准上都达到真正的精通水平；其次，这十个学习领域需要的标准类别比州标准的更多。教师经常要跨越不同领域的教学内容和发展层级，把几个标准整合用于一个更大的主题单元之中。

核心理念4：转换各自角色

教师会和学生一起合作设计任务，并在学生完成任务时给予支持。当学生有需要时，他们也会提供直导教学。这就是"核心理念2：生本中心教学"中两个主要因素。

学生的角色主要体现在他们有权决定自己的教育上。他们按照"精通级"的步调完成教育，可以在14~21岁间的任意时刻毕业。随着学生的成长，他们对自己的学习要承担更多责任。尽管学生常常通过小组合作来完成任务，但是在评估的时候却往往只针对个人达标情况来定。

至于技术，CSD在2002年采用了一套电子系统代替了繁杂的纸质文件以帮助记录学生的学习进度情况，管理学生的学习档案。该系统已经发展成为了一个信息丰富的数据库，里面有许多分析工具，可以帮助教师确定学生的学习风格和社交/情感的智商，也可以用来评价学生成绩及能力。这些都有助于教师和学生制定教学决策，比如，下一步要掌握什么标准，以及哪些教学支持最有效等。

技术在学习和教学中起着综合作用，那些能在所有十个领域的四个层次中达到精通水平的学生就有资格获得该学区提供的笔记本电脑一台。另外，各个学校的教室里都配有台式电脑，每个学校都建有一个iPad实验室。不管是笔记本还是iPad，学校都确保学生一人一机。同时学区也为每位教师配备一台笔记本电脑。

核心理念 5：培育学校文化

CSD 有 3 个小学校，学生和教师之间关系紧密，彼此关心、信任和尊重。学生不再按照年级来分班，几年之内也不再随意更换老师。不同年龄的学生以小组的形式分在一起，学校则根据他们的发展水平来实施教学。学生参与制定自己的学习任务以达到标准的要求，这使得学习成了一件快乐的事。

学校激励并支持教师一起合作，这也鼓励了他们互相学习。比如，通过专业的学习共同体和团队教学，由经验丰富的教师来指导新教师，以此促进合作性支持和指导。根据评价的平均情况来看，CSD 里的所有老师每年都可获得相同的绩效奖金（有时会超过 1 万美元）。这就是说，如果老师们都能帮助同伴进步的话，他们也就可以得到更多的奖金。因而，老师们往往会花更多的时间一起钻研教学和提升技能。学校每年也会专门安排 30 天的时间用于全体教师进修，以支持教师的专业学习。

核心理念 6：组织/激励结构变革

CSD 占地 22,000 平方英里，共有 300 名学生，而大概只有三分之二的学生会到实地的学校去上学（有些是因为"延期"毕业），其他三分之一则在家学习。也就是说，三所学校的学生总共只有 200 名左右，所以，学习环境充满温情和关爱。学生不用选择学校和教师，但是要根据自己的"个人学习计划"选择学习内容和学习时间（见核心理念 2）。

教师在其职责范围内似乎还有相当大的自主权（见核心理念 4）。教学决策主要在学校层次上由教师、学生以及社区成员一起来制定。"中心办公室"的教职员工主要起着辅助作用。

由于在如此大面积的地区只有这极少部分的学生，所以该区域没有设置学习中心。

CSD 的三所学校只有一位校长，每个学校均有一位班主任协助校长处理学校的日常行政事务。CSD 的学校董事会是由该学区范围内的社区选举出来的，专门提供全方位的政策指导和监管，其角色类似于大多数地方由选举产生的董事会。

CSD 与当地的服务机构合作，其中包括提供健康和安全服务的机构。从某种程度上来讲，学校就相当于社区中心。

成本效益

CSD 为每位学生每年提供 5380 美元的助学金，而政府拨款只有一百万美元。

基于标准的模式并不需要额外的资金投入。事实上，CSD 的师生比率大概为 10∶1，是因为该学区地广人稀（22,000 平方英里的土地上仅仅分布着 300 名左右的学生），而不是教育范式本身的要求。在每所学校，学生越多，处于同等水平的学生合作就越多，来自同伴的学习也越多，教师作为促进者的角色就越有效，而用于交通上的花费则相对越少。

相关阅读文献

Battino, Wendy. "New Horizons for Learning." Chugach School District. March 2002. Accessed May 17, 2010. http://www.newhorizons.org/trans/battino.htm.

COSN. "Chugach School District: Rural Response to Local Expectations." A *Best Practices Case Study* by the Consortium for School Networking (CoSN) Initiative. Accessed February 5, 2013. http://www.cosn.org/Initiatives/3DDataDriven DecisionMaking/CaseStudies/3DCaseStudyChugachSchoolDistrict/tabid/5701/Default.aspx

DeLorenzo, Richard A., Battino, Wendy J., Schreiber, Rick M., and Carrio, Barbara G. *Delivering on the Promise: The Education Revolution*. Bloomington, IN: Solution Tree, 2009.

Rubenstein, Grace. "Northern Lights: These Schools Literally Leave No Child Behind." *Edutopia*. (September 2007).
http://www.edutopia.org/chugach-school-district-reform

相关网站资源

Malcolm Baldridge National Quality Award, Education Criteria for Performance Excellence: http://www.nist.gov/baldrige/publications/upload/2011_2012_Education_Criteria.pdf

The Re-Inventing Schools Coalition (RISC): www.reinventingschools.org

第三节 蒙台梭利体制

信息时代范式的最早范例之一便是蒙台梭利体制，它大约在 1910 年之际由玛利亚·蒙台梭利创办，离步入信息时代还相当遥远。蒙台梭利方法是真正的生本中心教育方法，它把学生当做独特的个体，并给予其深切而真诚的尊重。

目前，在美国，至少有4000多所获得资格认证的蒙台梭利学校，全世界则大约有7000多所。在美国和加拿大，至少有200所公立学校有提供已认证的蒙台梭利课程。可见这是一个数量众多并很受欢迎的国际学校模式。

效果证据

2006年，《科学》杂志上发表了一篇研究市区公立蒙台梭利学校学生（年龄5～12岁）的文章，其内容主要是把蒙台梭利学校的学生与那些没能读上蒙台梭利学校而只好去五花八门的传统学校的学生作了对比。结果发现，蒙台梭利学校学生的表现要优于在其他学校就读的学生，这不仅体现在语言、数学等传统的学科，也反映在一些社会交往技能上。[3]

在幼儿园结束时，蒙台梭利学校的儿童在标准化阅读和数学测验方面比其他儿童表现得更好，而且也能更频繁地积极参与体育活动，展现出更高的社会交往技能和自控能力。另外，蒙台梭利学校的学生也会更多地关注公平和正义。在小学毕业时，较其他学生而言，蒙台梭利学校的学生能写出更具创造力的文章，能使用更为复杂的句式，对社会的两难问题能作出更积极的响应，并且在学校里表现出更强的团体意识。

这些发现得到了达尔曼（Dohrmann）及其同事[4]所做研究的支持，他们发现，在高中阶段曾经上过蒙台梭利学校的学生比没有上过的学生在数学和科学方面的成绩要优秀。事实上这些并非是全部的结论。拉桑德等人（Rathunde & Csikszentmihalyi）也做了两个研究，结果表明，与相应的控制组比较，蒙台梭利学校中的学生对学校学习表现出更高的兴趣和动机，并能更积极参与社会交往。[5]

核心理念

在表3.4中，我们粗略地估计了蒙台梭利学校全面实施六个核心理念的情况。下面我们将具体说明在蒙台梭利学校中重点实施的那些核心理念。如果你想了解更多有关蒙台梭利学校的信息，可以参阅以下网址：

www.montessori.org/

http://montessori.k12.in.us/programs/index.php

www.montessori.edu/

表 3.4 蒙台梭利体制实施的核心理念

1. 基于成绩达标	基于成绩达标的学习进度	5
	基于成绩达标的评估和认证	5
	基于成绩达标的学生记录情况	5
2. 生本中心教学	定制化（个性化）学习	5
	项目（任务）学习	4
	合作学习	2
	个性化的教学支持	5
3. 拓展课程视界	达成必须技能秘书委员会建议的课程	2
	21世纪技能	3
	全面发展	5
4. 转换各自角色	教师（导师）	5
	学生	5
	家长	2
	技术	0
5. 培育学校文化	小型学校规模	5
	良好的关系	5
	跨龄指导	5
	混龄分组	5
	愉快学习	5
	导师参与学习	2
	家庭服务	0
6. 组织/激励结构变革	合伙团队取代学校	5
	学习中心	5
	学生的选择权	5
	导师的选择权	5
	行政管理结构	NA
	治理结构	NA
	与其他家庭服务体制的关系	1
	学习合作社	0

注：数字代表核心理念实施的力度，数字 5 表示力度最强，NA 代表不适用。

核心理念 1：基于成绩达标

蒙台梭利体制中的学生会一直专心于学习任务直到掌握为止，只有当他们准备充分时——个体的发展水平和有关学习的先决条件都具备了，才能继续新的任务。学校依据不同的年龄小组和科目内容实施不同的评估，通常评估有助于学生对学习的掌握，因此，不允许对学习结果划分等级。在学习活动中，评估主要通过教师对学生的观察来进行，因而，教学和测验是完全融合在一起的。这种方法既促进了学习（形成性评估），同时也确保了成绩达标（总结性评估）。

对于诸如数学、拼写、语法等科目，小学年龄阶段的学生通常利用同伴合作和反馈之类的方式来进一步发展自己的技能，成绩报告单上显示了学生在各种成绩达标方面的进步情况。

核心理念 2：生本中心教学

在蒙台梭利课堂中，大部分学习体验就是基于任务的活动，当然，这些活动是为了让学生达到具体的学习目标而设计的。对于年龄较小的孩子而言，设计任务一般会用到手工材料，这可以使抽象的概念变得清晰和具体。例如，低年级学生会使用珠子来帮助理解加、减、乘、除，甚至是指数运算。随着儿童的成长，尽管他们不再使用手工材料，但仍然从做中学。

蒙台梭利学校的学生通常不会同时做同一个任务，学习完全是根据不同的学生量身定制的。在该体制中，尽管学生有机会合作和发展社交技能，但是却很少进行合作学习。

每个学生，尤其是 3~5 岁和 6~8 岁的儿童，都有一个周学习计划，用于记录每天要做的事以及是否有按计划完成学习任务。而 9~11 岁、15~18 岁和 12~14 岁的学生通常会有一份季度学习计划。

一些小学邀请儿童、家长以及教育者一起参加正式会议，以此规划学生的季度目标和学习科目，如有关研究论文的主题。儿童在确定学习内容和学习时间上起着主要作用，当然这是在教育者的指导和鼓励下进行的。

有认知缺陷和发展障碍的儿童同其他儿童一样，接受同样的个性化教育。不像其他学校一样把这些特殊儿童送到千篇一律、千人一面的教室接受特殊教育，相反，常规的学生进入一个专门定制的、高度个性化的学习环境，这与以前为有认知障碍的儿童设置的环境相似。

核心理念 3：拓展课程视界

蒙台梭利课程深受蒙台梭利哲学的影响，包括激发儿童的学习热情，关注儿童全人发展，尊重儿童，在内容的设置上遵循从具体到抽象，基于儿童发展的阶段进行混龄分组，实施"做中学"理念等。其课程包括语言艺术（阅读、文学、语法、创意写作、拼写以及书法）、数学和几何（如图表、应用题解答）、文化类科目（历史、地理、科学和研究）、日常生活技能、感官意识练习、和平教育、外语、艺术、音乐、戏剧以及运动。

多种课程相互融合表明不同科目之间是联系在一起的。其中共同的要素有批判性思维、作文以及研究。历史科目往往会把建筑、艺术、科学以及技术联系起来。另外，学生可以通过社区服务来学会关心他人。

核心理念 4：转换各自角色

在蒙台梭利课堂中，教师的角色被描述为"协力指导"，他们负责在学生做好充分准备时，将其引入一个新的活动中，同时也要确保学生能正确使用材料，并鼓励他们去获取更大的进步。因为这个角色与传统教师的角色差别如此之大，所以蒙台梭利机构更喜欢用"教育者"（educator）这一称呼。即使是最小的儿童（3岁左右）也会在教师帮助下进行自我指导的学习，并积极参与某项活动。到蒙台梭利课堂参观的访客经常会感到吃惊：竟然有那么多的儿童能在如此长的时间里完全地沉浸于各自的活动之中。

蒙台梭利体制下的学生在经过一段"常规化"的学习——旨在帮助学生在一个不干扰别人学习的有序环境中习得聚焦、全神贯注、独立学习的能力——之后，都变成了积极的学习者并且能在很大程度上进行自我指导学习。

技术以手工材料的形式在每个儿童的学习过程中起着核心作用。这些材料同时为教学和测验提供了一个基于任务的环境。对于较大年龄段的孩子来说，他们可以利用电脑上网去获取信息，也可以使用电脑文字处理撰写报告。在跟踪记录学生的学习进度情况、创建个人学习计划以及评价的时候，蒙台梭利体制很少用电脑来进行。当教育者通过对学生的观察及审核作品完成评估时，相关的成绩报告和个人学习计划都是以书面的形式记录下来的，包括用带孔的卡片。

核心理念 5：培育学校文化

蒙台梭利学校小而充满关爱的学习环境有利于学生与教育者、学生与学生之间形成良好的、互敬互爱的关系。教育者激发学生的内部动机，这些学生往往基于其发展水平被混龄分成不同的班级，每班学生的年龄差距大概在 3 岁左右。个体的发展水平分为儿童早期（年龄在 3～5 岁之间）、小学低段（年龄在 6～8 岁之间）、小学高段（年龄在 9～11 岁之间）、初中（年龄在 12～14 岁之间）以及高中（年龄在 15～18 岁之间）。大多数情况下，每位学生在某一个发展阶段都跟着同一个教育者学习（跨龄指导）。

核心理念 6：组织/激励结构变革

在许多社区，蒙台梭利学校的教育者都是专业人员，他们经营着自己的小学校（这和第 2 章中描述的合伙团队相似）——往往不设校长。印第安纳州布卢明顿的布卢明顿蒙台梭利学校很多年来就一直是这样做的。该校现在有了一位校长，但是他的主要职责是负责公共关系联络和行政管理事务，课程和教学内容则由每个年龄组的教育组长来决定。

学习中心设在教室里面，集中于某些科目，比如语言艺术、日常生活技能以及地理等。在每个学科领域，都会公开展出那些用于支持主动性、实践性学习的材料，并且每个领域的设置都是为了促使学生进行讨论、激发其合作学习和独立学习的动机。

因为许多蒙台梭利学校都是私立的（当然有些是公立的），所以一些家长特地选择把孩子送到这类学校。家长和学生也会定期给教育者提供一些反馈信息，这就有利于形成以客户而不是以官僚科层为中心的决策体制。如果学校不能满足学生的需要，家长便可以"用脚投票"，即不满时可以选择离开，就像在其他任何商业活动中的客户那样。所有这些特征有助于学校成为一个不断变革的学习机构。

有些蒙台梭利学校设有主要由家长组成的指导委员会，用以承担某些行政职责。例如，在布卢明顿蒙台梭利学校，指导委员会中的一个成员可以是财务主管，从事带薪的会计工作；另一个担任人事主管，负责该校全体职员的解聘和招聘工作；还有一个后勤主管，主要是维修或请合适的人员来维修学校硬件；一个负责筹款的主任和一个负责规划长期发展的主任也会出谋划策。但是，即使委员会中没有这些人，蒙台梭利学校的家长们也经常会为了自己的孩子而积极参与决策。

有些蒙台梭利学校会与当地提供健康和安全服务的机构建立关系。在某种程度上，这些学校也是社区中心。

成本效益

蒙台梭利学校在行政管理方面的花费非常少，主要是因为学校不设校长和学区办公室，这样就节省了相关的费用。学校的所有者既要负责教学又要负责管理学校，这也是其特色之一。而且，教学材料在教育过程中起了重要的作用，这就使得学生在定制学习上的花费往往比那些同类公立学校的花费要少得多。

相关阅读文献

Hainstock, Elizabeth G. *The Essential Montessori: An Introduction to the Woman, the Writings, the Method, and the Movement*. New York: New American Library, 1978.

Lillard, Angeline S. *Montessori: The Science Behind the Genius*. New York: Oxford University Press, 2005.

Montessori, Maria. *The Absorbent Mind*. New York: Holt, Rinehart and Winston, 1967.

Montessori, Maria. *The Montessori Method*. New York: Schocken Books, 1964.

Standing, E. Mortimer. *Maria Montessori: Her Life and Work*. New York: New American Library, 1962.

第四节 其他的信息时代学校体制

美国的教育工作者以数百种不同的方式来实施信息时代范式，本章中描述的三个信息时代教育体制仅仅是其中的几个案例而已。附录 A 中列出了其他一些采纳了信息时代教育范式中的若干个核心理念的学校。如果您还知道其他在这些标准方面能获得高分的学校，麻烦您给我们发一份尽可能详细的学校介绍，邮箱地址：reigelut@indiana.edu。

本章小结

表 3.5 归纳了本章介绍的这三种学校系统各自实施这些核心理念的情况。

表 3.5 三种学校体制中核心理念的总结

核心理念	核心理念的子类	A	B	C
1. 基于成绩达标	基于成绩达标的学习进度	5	5	5
	基于成绩达标的评估和认证	5	5	5
	基于成绩达标的学生记录情况	5	5	5
2. 生本中心教学	定制化（个性化）学习	5	5	5
	项目（任务）学习	5	3	4
	合作学习	3	1	2
	个性化的教学支持	5	4	5
3. 拓展课程视界	达成必须技能秘书委员会建议的课程	4	1	2
	21 世纪技能	4	2	3
	全面发展	5	4	5
4. 转换各自角色	教师（导师）	5	5	5
	学生	5	5	5
	家长	4	1	2
	技术	3	4	0
5. 培育学校文化	小型学校规模	5	5	5
	良好的关系	5	4	5
	跨龄指导	5	5	5
	混龄分组	5	5	5
	愉快学习	5	3	5
	导师参与学习	3	5	2
	家庭服务	0	0	0
6. 组织/激励结构变革	合伙团队取代学校	5	3	5
	学习中心	3	0	5
	学生的选择权	5	2	5

	导师的选择权	5	3	5
	行政管理结构	NA	2	NA
	治理结构	NA	2	NA
	与其他家庭服务体制的关系	4	4	1
	学习合作社	0	0	0

注：A＝MNCS（明尼苏达新乡村学校）；B＝CSD（楚加奇学区）；C＝Montessori system（蒙台梭利体制）；数字代表核心理念实施的力度，数字5表示力度最强；NA表示不适用。

注释：

1. COSN (retrieved March 2010). Chugach School District: Rural response to local expectations. Consortium for School Networking Initiative. http://3d2know.cosn.org/best_practices/chugach.html.

2. 业绩标准包括高标准、小而安全的环境、教师们共同参与、强有力的校长领导、聚焦学生的学习、促进成绩提高的技术、结果导向及牢固的伙伴关系。

3. Lillard, Angeline, and Else-Quest, Nicole. "The Early Years. Evaluating Montessori Education." *Science* 313 No. 5795 (September 2006), 1893-4.

4. Dohrmann, Kathryn R., Nishida, Tracy K., Gartner, Alan, Lipsky, Dorothy K., and Grimm, Kevin, J. "High School Outcomes for Students in a Public Montessori Program." *Journal of Research in Childhood Education* 22 (2007): 205-17.

5. Rathunde, Kevin R., and Csikszentmihalyi, Mihály. "Middle School Students' Motivation and Quality of Experience: A Comparison of Montessori and Traditional School Environments." *American Journal of Education* 111 No. 3 (May 2005): 341-71; Kevin R. Rathunde, and Csikszentmihalyi, Mihály. "The Social Context of Middle School: Teachers, Friends, and Activities in Montessori and Traditional School Environments." *The Elementary School Journal* 106 No. 1 (September 2005): 59-79.

第四章　如何实现范式转变

美国应如何从工业时代的教育范式转向当今信息时代学生和社会所呼吁的教育体制？这一根本性的变革要比在现有模式内进行片段零散的改革更为困难、更有风险。因此，"怎么做"是转变过程中非常重要的一部分。要知道如何转变现有的美国教育体制，必须先明确范式变革的相关策略、能指导变革过程的原则及那些似乎没有答案的开放性问题。

可喜的是当前专家们[1]为我们带来了一些好消息：他们已经取得了一些有关范式变革过程的宝贵见识。例如，从1992年起，弗朗西斯·达菲（Francis Duffy）和查尔斯·赖格卢特就将一些开拓创新型学者（practitioner-scholars）的研究成果整合到一个名为"学校系统变革草案"（School System Transformation Protocol）的知识库中。这两位研究者也在印第安纳波利斯的一个小学区——迪凯特镇大都会学区进行了实地试验，并进一步完善了该知识库。阿拉斯加州楚加奇学区的学者们也已经完成了学区范围内的范式变革（见第三章）。支持范式变革的工具见附录C。

第一节　范式变革过程的策略

在这一节，我们将介绍两个主要的范式变革策略。一个是关注转变现有学校，另一个是设计新的学校。重新设计一个新学校要比变革现有的学校容易得多，因为前者可以：

◇聘用那些与信息时代范式心态一致的教师，而不必去帮助现有的教师改变原有的心态；

◇创建一种新文化，而不必去试图改变现有文化；

◇建立新的行为模式（适合于教师，学生以及行政人员），而不必去彻底消除已有的模式而支持新的行为模式；

◇吸引想接受信息时代教育范式的学生和家长，而不必去帮助学生和家长建立新的心态；

◇选择并创建符合新范式的设施和资源，而不必去改造现有设施或用其他合适的资源来取代当前的资源。

尽管重新建立一个理想的环境更为容易，但要这样"白手起家"也并非是一件寻常的事情。

在两种主要的范式变革策略中，依据不同规模途径所作出努力程度的差异，会有一些不同的具体方式，包括特许学校、学区和地方教育部门三个层次，接下来我们就予以讨论。

特许学校

设计单个学校是范式变革中的一种小规模途径，也是最快捷最简便的一条途径。但这一途径在同一学区内不同学校之间是无法奏效的，因为同一学区内的学校之间（称为同伴系统）、学校与他们所服务的如学区和社区等一些更大系统之间的联系都很紧密（称为超系统）。

换言之，一所学校和其所在学区的主要部门及其他学校的联结非常紧密，因而该学区内如果出现一所不同范式的学校，那么它就会与其他学校格格不入。一所新型学校若要融入原有的主流范式，它将承受巨大的压力。这就是为什么那么多激动人心的示范学校又回归到了工业时代范式的原因，例如位于明尼苏达州圣彼得堡的"明日土星学校"和纽约"微软未来学校"就是实例（参看本章节末"相关网站"）。

为避免这种情况发生，我们可以将学校之间以及学校和它的超系统之间的关系纽带放宽，如同特许学校那样。特许学校可以自由选择让自己变得与众不同。不幸的是，能利用这一机会的学校少之又少，很多学校更倾向于在工业时代范式内进行片段零散的变革。不过，我们既可以转变已有的特许学校，也可以重新设计新的特许学校。明尼苏达州新乡村学校（参见第三章的说明）和罗伯特·弗罗斯特特许学校（由本书第二作者创办，目前也在她的指导下运行）就是很好的范例，它们采用了一种更好的教育范式以满足当代学生的需求。附录A中列出的新范式学校多为特许学校。

以这一小规模途径进行变革，学校能在最短的时间内完成范式转变，这也是提供"理念论证"（proof of concept）的最佳选择，有了这些证据就能为更大规模的范式变革提供资金、推进研究和开发并进一步提高建立新范式的效率（推动它进一步以 S 型曲线向前发展，如第一章中说明的那样）。

学区

中等规模途径是设计出一个根据信息时代范式运行的新学区。因为单个学区和其超系统（州教育部门）以及同伴系统（其他学区）之间的联结相对薄弱，所以某个学区可以以不同的范式存在而不用被强迫拉回到工业时代范式，尤其是在获得州政府相关法规的许可之后。

建立一个全新的学区会比较少见，因此适合这一规模途径的最常用的策略是转变现有学区。根据学区大小有两种做法：

◇小学区：整个学区都可以进行变革，其做法可效仿已完成转变的阿拉斯加州楚加奇学区（第三章有所说明）和正在转变的印第安纳波利斯迪凯特镇大都市学区及科罗拉多州亚当斯 50 学区。这一途径只适用于小学区（只有一所高中的学区），因为大学区会更复杂。

◇大学区："特许学区"策略适用于更大的学区。在这些大学区内，现有的学校董事会特许建立一个新学区——包括它的监管部门、中心办公室和学校——根据新范式来运作。这一特许学区的规模要小——只有一所高中，并且其他所有学校的学生毕业后都会进入该校。特许学区每位学生的预算要和传统学区一致，而且新学区往往会利用现有学区内的设施、人员，甚至包括校车之类的一些服务。

传统学区内的教师和行政人员必须申请到新的学区，经过挑选并做好彻底转型的心理准备。这个新的平行系统起步规模小，但随着其附属系统不断发展和完善，教师和家长会看到它的价值。

无论哪种方法，转变都必须发生在中心办公室和该学区"输送系统"（feeder system）内所有的学校（这些学校为唯一的一所高中输送学生）中，因为单个的输送系统和其他的输送系统之间联结较少，所以这样就可以减少其他系统发挥的杠杆作用，避免将已经转变的学区拉回原有的工业时代范式中。

州教育部门

大规模途径即让州政府教育机构特别是被称为教育部的机构承担起监管学区向信息时代范式转变的责任。转变的策略有两种：变革整个学区或者建立特许学区。利用这一途径是因为大家看到了学区缺少可以投入到成功范式变革努力中的专业知识和资源。

大规模途径始于各州领导之间进行的"转型对话",对话的主题是关于公共教育范式变革的本质及需求。例如在俄亥俄州进行的由"知识劳动基金会"领导之下的对话。它包括所有与公共教育息息相关的地方级领导者,有政府官员、立法领导者、教育协会领导者(教师、管理者及学校董事会)、商业领导者及高等教育领导者。

转型对话的结果是承诺(其中包含立法)在教育部门内或独立于教育部门创建一个半自治的"转型"单位。创建这个单位的目的是提供资源和经验丰富的"促进者"(facilitators)以帮助那些准备就绪的学区转换成新的范式。

这个途径是我们在本章描述的三个途径中最复杂、最费时的一个,但它却是唯一一个能广泛影响州教育系统并能为学区成功变革提供专业知识和资源的途径。

第二节 范式变革过程的原则

大多数情况下,人们着手进行变革是为了留其精华而去其糟粕。但是当人们面临那些需要进行范式变革的特殊情况时,就必须思考要进行整体改革和转型,而不仅仅是片段零散的变革或改良。设想一下,在工业革命的萌芽期,要是人们仅仅只是改良马匹或马鞍,而不是建造铁路,世界将会怎样?当然,现在的铁路已今非昔比。片段零散的变革在铁路沿着其 S 曲线发展的过程中已经发挥了它的重要作用,同样的,片段零散的变革对教育新范式的作用也不容小觑。

这一根本挑战——基于范式变革的思考——要遵循本节中描述的几个原则:心态转变原则、建立共识原则、利益保障原则、创造革新原则、最佳设计原则、有效领导原则、文化渗透原则、专业引领原则、积极投入原则、系统杠杆原则和技术支持原则。这些原则是基于印第安纳州波利斯迪凯特大都会校区(2002~2013)的变革经验,以及在教育与商业机构中的系统改革研究得出的启示。同样,用于范式变革的一些工具详见附录 C。

心态转变原则

心态是各种心理模式的集合体,它体现了某一特殊的视角。新的教育范式要求利益相关者们转变原有对教育系统的心态。比方说,那些有如"讲台圣贤"的教师对教和学的看法和那些"协力指导"(见第二章)的教师大不相同。正如第一章提到的，工业时代教育系统关注筛选分等的理念和现代社会所需的关注学习的理念是背道而驰的。

在工业时代的教育观到信息时代的教育观的过程中，心态转变也许是教育范式变革努力中最为重要的结果，原因有二：

◇首先，从教师、学生、行政人员、家长到社区成员，如果不转变原有心态，那么信息时代的教育范式就无法实施，因为每个群体在新范式中都起着不同的作用。为了履行好自己的职责，人们应当知晓该如何融入变革的过程中，该做出怎样的贡献才能成功，以及为什么他们的特殊贡献如此重要。

◇其次，如果人们不改变原有的心态，他们就会对新范式的转变产生抵触，最终导致变革的失败。

因此，当前教育系统的转变过程一定是一个学习的过程，它将有助于利益相关者不断更新有关教育的心态或世界观。在采用设计新学校这一策略的前提下，我们往往可以挑选那些有着能适应新观念模式的教师和行政人员，不必去帮助他们转变现有的心态。就像20世纪60年代的民权运动中，心态的变革对人们态度和行为的转变起着非常重要的作用。这样的变革，我们是无法强制执行的。

建立共识原则

要帮助人们学习和发展他们有关教育的心态，其中一种最为有效的途径就是通过建立共识的过程来作出决策。在建立共识的过程中，参与者学到了一些新观念，并与其他利益相关者进行讨论，这样就能更好地理解为什么其他人的观点与自己的不同，为什么其他人要公开探讨观念背后的假设及其他观点的优势所在。这一过程能够使参与者发展自己有关教育的心态，并能基于共识进行决策，这将有助于形成一个更好地满足学生需求的设计框架。

建立共识的决策过程与工业时代的独裁决策截然相反。它甚至也不同于民主时期的决策过程。"多数规则"造就了胜者与负者，也造成了一小部分人的不满和反对，更不可避免地产生了抵触情绪和破坏分子。民主决策过程并不是一个学习的过程，它是根据人们既有的知识和观念模式操作的。如果要在复杂的系统中进行范式变革，它就不是很适用。

利益保障原则

因为心态的转变与否对范式能否成功变革尤为重要，所以许多利益相关者必须参与到这一过程中；只有通过参与才能促进心态的发展。而且，多种不同的视角能够增强革新过程的创造性和有效性。

利益相关者除了积极参与外，他们对于改革进程的所有权也能够促使其真正承担起相关的义务，减少变革的阻力，增强其可持续发展能力。由于每个利益相关者对教育中什么才是重要的持有不同的价值观和看法，因而如果赋予他们自己主导变革的权力将会形成分歧并且还会加速分裂，除非改革已经箭在弦上，并且已经达成了共识。这就是为什么培养利益相关者的所有权需要有不一样的领导范式（在接下来的"有效领导原则"中有所说明）。这就需要建立信任、公开和透明的体制。

要建立这样的所有制，第一步就是组建一个团队，团队的成员必须来自学校系统各个利益相关群体的顶端意见人士，也包括那些被剥夺意见的人士，来引领范式的变革。

总而言之，众多利益相关者的所有权和共识建立的过程能够帮助他们不断发展自己的教育心态。因为这个转变过程首先是而且最重要的也是一个学习的过程，所以这些原则对范式变革的成功非常重要。

创造革新原则

信息时代教育范式所处的阶段好比是 1927 年空中运输的发展时期，那时怀特兄弟（Wright Brothers）刚向人们证明了空中旅行的可行性——林得伯格（Charles Lindbergh）也方才飞越了大西洋。由于商业和政治领导人更加注重节约时间，因而对空运的需求也逐渐变得明确，但是仍有大量的发明创造工作亟待完成。

同样的，在教育领域，有研究表明生本中心范式是可行并且也是必需的。那些践行早期新范式样式的学校已经取得了一些成果，这些成果在各方面都要优于工业时代的学校（见第三章）。但是，我们仍需进一步发展并调整该体制的各个方面使其以最高效的状态运作。

仅采纳他人所做的最好的一面是远远不够的，因为不同的社会群体有不同的诉求和状况。同一种模式在一个社区运行良好但在另一个社区可能就状况百出了。

鉴于以上两个原因，采用一种"综合学校设计"或是由一个社区以外的人来开发模式并不是十分奏效的。相反，每个社区的新范式必须由其利益相关者设计。创建的时候应该考虑并吸收已有改革的成功经验，但同时，家长、学生、社会成员和教育工作者必须发展他们现有的有关教育的心理模式，这样才能建立起一个新的真正能满足其需求的系统。

优化设计原则

阻碍新教育范式创建的因素主要有两个：

1. 利益相关者自然而然地想要借鉴他人的良方，而不是通过深思熟虑摸索出自己的理念。

2. 教育工作者过于实际，认为理想的教育范式并不存在，所以没有必要为此浪费时间。

要克服这些困难，一种有效的办法是让利益相关者想象一下假如不到学校去而他们又需要创造一种理想的学习经验，那么应该怎么做。可以让他们把自己当成十岁的小孩，再描述一下他们想怎样学习。这是一种很重要的方法。当人们开始思考并且先不考虑其实用性的时候，通常能够产生一些从未有过的好点子。这就促进了学习、心态转变以及创造。随后，团队成员便能在必要时调整这些理念以实施新的体制，同时也努力予以改进，使其日臻完美。这时，我们往往能够将先前看起来像"空中楼阁"的理想变为现实。

因为生本中心范式会以许多不同的形式出现，所以一个社区应该决定一个理想目标，并在既有的体制中寻找与之最接近的一种，再做出一些调整使其更接近理想。

有效领导原则

利益相关者所有权和制定决策中基于共识建立的方式都要求一种不同的领导范式。工业时代下监管式的、自上而下的、命令与服从的范式在新体制或范式变革过程中（第二章有所论述）毫无效用。信息时代所呼吁的领导风格，能够在利益相关者中建立一个共同愿景，能赋予参与者追求共同愿景的权利并给予支持，能随时提供必要的专业发展培训及其他资源。

这一方法会让设计变革并投身于新设计的过程变得有创造性。有时称之为服务型领导，这是信息时代的领导范式。

在很大程度上，有一批合适的领导（校长和董事会成员）存在就是一个"准备因素"（见下一原则），它能决定一个体制是否适应范式变革进程。如果还没准备就绪，我们可以采取一些措施促进其发展。一个外界的促进者可以和校长、学校董事会及其他该学区内有影响力的人物通力合作，以推动他们对范式变革、范式变革的过程及服务型领导风格的理解。

无论是改变现有的学校体制还是重建一个新体制，政治上的支持都是很重要的因素之一。现在很多学校都是由那些通过选举产生或上级任命的领导管理的，我们必须要说服他们支持范式转变。没有他们的支持，变革注定会失败。政治支持体现在帮助学校管理者、学校董事会、教师领导者和学校其他有影响力的人去理解范式转变是什么、为什么需要范式转变及怎样才能实现范式转变。

文化渗透原则

鉴于范式变革存在的困难，只有当学校系统有了充分的准备并达到一定的能力水平时才能开始进行。文化因素是变革进程中准备和能力这两个要素的核心部分。根本性的变革会使文化发生某些改变，然而要在第一时间进行系统化变革必须要有一种特定的文化。

范式变革中有一些最重要的文化因素，包括对待授权、全纳、建立共识、合作、系统思考、信任、透明度和宽容所持有的正确态度，这些文化因素也是信息时代教育范式的重要特点。

然而范式变革的准备和能力这两个要素又远远超出一种合适的文化原则。要对利益相关者授权，就必须在他们中间建立起对服务型领导的理解和高度信任。准备和能力这两个要素还包括了解如何思考系统、如何进行理想的设计、如何制定基于共识的决策、如何作为集体的一分子起作用，以及如何理解持续改进和可持续发展的概念。实施范式变革之前必须先要有足够的能力水平。

系统杠杆原则

在一个复杂的系统中，各个部分相互联系。如果系统的某个部分发生了根本性的改变，那它将无法与其他部分相匹配，这样它就会试图变回原有的样貌。事实上，很多有前景的示范学校，比如曾处在舆论浪尖的明尼苏达州圣保罗的"明日土星"学校，之所以会变回到工业时代的范式，就是因为它难以与更大的相互联系的系统相融合。

要避免这一情况的发生，我们可以采用同时改变系统中各个部分的方法。然而，要为如此复杂的系统创造出一个完整的设计蓝图相当困难，并且也费钱费时。对此，可以选择先改变旧系统中某几个根本性的特征，这些改变将会对其余部分施加压力以促使其进行变革——这些压力往往比其施加在新部分让其恢复到原样的压力更大。换言之，那些最初的变革必须具备足够的杠杆作用才能使得整个系统向马尔科姆·格拉德威尔（Malcolm Gladwell）称之为"临界点"的位置变化——到了这一点，变革就会持续发生，而随着人们发现其有助于支持最初的变革，其余旧系统的部分也就会加入变革的进程中。

教育中高杠杆作用的变革可能包括评估体制的转变（从常模参照评估体制到标准参照评估），学习进度体制的转变（从年级迁升到成绩达标），学习计划体制的转变（从教师授课计划到学生自主学习计划），以及教师角色的转变（从讲台圣贤到协力指导）。这些高杠杆作用的变革完成后，将会逐步促进其他转变的发生以备支持变革之需。

专业引领原则

很多教育家都明白在学校实施片段零散的改革有多困难。然而范式变革却比片段零散的改革更为困难更为复杂，因为它涉及的范围更大，并且需要有新的心态、建立共识能力、创造能力、新型领导范式、新的利益相关者角色以及还要求学校有充分的变革准备和能力。鉴于变革进程的困难性和复杂性，想要获得成功，就需要在范式变革方面有丰富经验的促进者来引领。

同时，同一学区的利益相关者常常会有很长一段时期都意见不合、拉帮结派、明争暗斗、怨念丛生。为了平息纷争，利益相关者群体共同认定的促进者必须不带偏见，因此最好选择局外人。一旦任命了促进者，其就应该全面介入该学区的所有会议，直到内部越来越多的个人或团体可以承担该角色时，才算大功告成。

当这位促进者找到了适合该位置的最初人选并开始引退时，他的示范作用已经根深蒂固，由此学校系统就可以发挥其优势并运用到未完成的变革过程中。

积极投入原则

创造和心态转变十分费时，这就需要大部分利益相关者先进行新理念的熏陶，然后再参与到小组讨论中。但是对于学校来说，时间尤为宝贵。优秀的教师和行政人员已经在加班加点工作了，因此他们对于参与范式变革实在是分身乏术。这一问题有时就像是试图重新设计一架已经处在飞行状态的客机一样，不可能。

要解决该问题，我们可以买下大家的一部分时间，这就需要用到钱——而学校在这方面也是捉襟见肘的。比方说，可以让教师、行政人员、家长和社区领导在节假日或者偶尔几个周末为范式变革工作，这当然要支付一定工资。

没有持续的外部资金支持，范式变革的进程也许需要几十年的时间——在这一过程中，随着时间的消逝，参与范式变革的主要人员及其他因素也会发生变化，因而最后的结果也就变得不那么确定了。而这仅仅只是用于重新设计范式的花费。新教师角色的培训，设施的重新规划以及其他工具的更换也需要大量的时间和金钱。没有足够的资源，范式变革就有可能以失败告终。就像第五章提到的那样，州政府在解决这些问题上起着至关重要的作用。

技术支持原则

相比于工业时代系统，信息时代的教育范式更需要广泛的技术支持，以支持量身定制的生本中心教学——这是相当划算的。第二章中，我们讨论了新范式下技术的四个重要角色——记录学习进度、规划学习蓝图、提供学习指导与评估学习效果。计算机的广泛运用能够提高学生和老师的工作效率，当然设备维护以及教师培训都需要投入资金。而投入和培训的效果将关系到能否成功转变范式。

总的来说，教育体制中范式变革过程的基本原则如下：

◇心态转变原则

◇建立共识原则

◇利益保障原则

◇创造革新原则

◇优化设计原则

◇有效领导原则

◇文化渗透原则

◇专业引领原则

◇积极投入原则

◇系统杠杆原则

◇技术支持原则

绕开以上任意一个基本原则，范式变革一般都不会成功。

第三节　开放性问题

范式变革过程中的某些重要方面还存在一些开放性问题，对于这些问题，似乎没有普世通用的原则。这些问题体现了范式变革的复杂性，同时也表明了不同的学校或学区在这个过程中应该有一定程度的区别。

这些问题包括：

首先应该变革什么：观念还是行为？

用一个很有说服力的事例可以证明应该先变革观念。如果一名教师连什么是"协力指导"都不明白，他又怎么能在新教育范式中进行有效的教学呢？正确的观念和技术对改革的成功非常重要。

另一方面，强制行为发生变革也会极大地影响着观念的变革。如果坚持让一个老师运用标准参照评价、学生持续性进步和基于项目的合作学习，那么他很有可能会意识到这种方式其实更有利于学生。但是这种方式需要大量的辅导和其他方面的支持。

这两种方式都有各自的优点：

1. 自愿性。如果你首先改变自己的观念，那么你就会自愿进行变革。如果教师已经改变了自己的观念，那么他们就能主动地改变自己的行为，而不用再对其施加外部压力。

2. 时间和金钱。想要改变教师的观念需要花费大量的时间和精力，而要改变行为很有可能会更为经济便捷。

3. 责任感。无论是直接的还是间接的强制性变革，都有可能引起人们的抵触。在新观念基础上建立的变革能引发参与者对新系统的责任感。这样的一种责任感对教师在新体制中创造新的教学实践也十分重要。

4. 技能。不管哪种方法，在教师改变行为之前都可以先对其进行技能的培训。但是，如果没有合适的观念和心态的支撑，技能的习得可能就没那么容易。

因此，当需要进行创造的时候，教师却又有抵触或不良情绪，这样就可能会妨碍他们的表现，这时"观念优先"的方法可能是最好的。但是当因为缺少时间或资源而不利于变革的进行，或者当教师已经在观念上多少有些认同变革的时候,"行为第一"是优先选项。但是也许还可以有一个综合的方法,即同时强调观念和行为,这种"两者兼顾"的想法或许是最好的办法。

利益相关者是应该自己提出一个理想愿景还是从其他地方加以借鉴?

构建一个理想愿景,需要吸纳许多利益相关者的意见。这一参与式的方法有以下几个优点:

1. 兼听则明。有更多的人可以贡献他们的想法和意见,最后形成的愿景可能会更有可行性。

2. 转变心态。参与提出愿景的人越多,也就意味着越多的人将会改变自己已有的心态,而这一改变是范式变革成功的一个重要因素。借鉴或参与同样能够提高利益相关者对变革的接受程度,并提升其进行变革的能力。

3. 强化责任感。那些致力于提出愿景的人很可能会感到一种更强烈的所有权意识及责任感。当范式变革过程中出现管理困难时,这种所有权意识就会显得特别重要。

全面参与或"拿来即用"是两种极端的做法,对大部分人来说不太现实,有一个可选的办法,即让一小部分领导者先提出理想的愿景,然后再让其他的利益相关者修改完善并予以接纳。此种方法有如下三个优点:

1. 更快捷。参与愿景构建的人越少,达成共识所需要的时间也就会越少。

2. 更完整。假设在构建的过程中有了一些合适的人参与,如果这些人数量虽少但个个都有变革所需的专业知识,那么更可能描绘出一个完整的范式变革愿景而不是部分(片段零散)的改革。

3. 更详细。少数人组成的团队(通常少于12个人)很可能会建构出一个更加详细的愿景,也能为不同学校的范式变革提供更好的指导,这是大规模团队无法做到的,因为各自在细节上很难达成一致。

比如,在迪凯特镇的变革过程中,有一个30人组成的领导团队,他们最初的理想愿景仍然有工业时代思想的痕迹,所提供的指导也很宽泛。不过,这个愿景仍为几年以后设计更完整的理想愿景作了铺垫。

鉴于这种基于"两者择一"思想的不充分性,我们把这个问题看做一个连续体——从只有一个人进行理想愿景的开发到学区中每一个利益相关者的参与。这样问题也就变成了应该需要多少利益相关者参与,这又导致另一个问题,即哪些利益相关者应该参与其中？

关于需要多少利益相关者参与的问题取决于学区的规模、凝聚力、多样性、变革的紧迫性以及对新观念的接受能力。关于哪些利益相关者应该参与的问题取决于个体的权力、影响力、创造力、思维的灵活性以及对信息时代教育需求和现实的理解。

整个学校（或学区）应该是一次性变革还是分阶段变革？

埃弗雷特·罗吉斯（Everett Rogers）是一位随时抓住机会创新的具有开拓精神的专家，他的研究表明，这个问题的关键是所有利益相关群体中的人都是依照一个连续体排列的——从创新者和最早的适应者到对任何变革都一样的落后者和抵抗者。有一部分教师能理解并希望进行范式变革，一部分则需要被别人推着参与变革，整个过程中还不断地反抗。大部分是介于两者之间。家长、管理者、董事会成员甚至学生的情况也是如此。

那么为什么不把学区分成两个平行的系统而分别独立运作呢（除了学校董事会外）？每一个校区可以分成两个独立的"小型学习社区"，每个"小型学习社区"又有他们自己的校长或指导者（通常一个学校会有一个校长助理，因此就没必要增加管理人员的数量）。甚至主要的管理部门也可以分成两个，因为工业时代范式的管理重点在于控制，而信息时代范式则在于支持。主要管理部门下的一些办事处（如会计、教学楼和操场、餐饮服务，遵守地方和联邦政府条例等）都可以用来辅助这两个系统。

在这两个系统的设置中，随着教师、学生和管理人员思想发生了转变并且也认识到了新系统的优点，他们就会分阶段逐步从工业时代范式过渡到信息时代范式。

以下是分阶段变革的方法（或平行系统）胜于"一步到位"完成变革方式的地方：

1. 选择权。不会强迫任何人去参与变革，这就减少了抵抗情绪，特别是对教师、家长和其他重要的利益相关者更应如此。

2. 资源。范式变革的过程涉及"重组"的费用。比如，需要规划新系统的具体细节；培训教师以适应新的角色；重新配置和改造设备；获得不同的工具和学习资源。这些投资就需要时间、金钱和专业知识——在很多学区这些资源都是很短缺的。分散这些资源需求而不是一拥而上，可能是一种有益的做法。

3. 责任感。对教师来说，进行范式变革会有难度，因为这要求教师学习新的技能、获得新的工具并创造新的学习资源。这样在重大的变革中需要不断地尝试，也会产生很多错误，也需要我们从错误中学习。

在一个学区中最先参与变革的教师就可称为开拓者，他们使紧跟其后的变革者更容易地参与变革；这些初创者开发各种资源并解决在教学、评价、记录系统中出现的漏洞。位于改革序列创新者一端的教师有着最强烈的责任意识和良好的理解力，这足以使他们成功地担当起开拓者的角色。在这些初期问题解决之前，强迫处于连续体另一端的教师立刻做出改变，很可能会让他们产生反抗与沮丧的情绪，并且也可能会事倍功半。

对整个学校或学区（所有的教师和管理者）进行一步到位的变革同样也有一些优势：

1. 平衡。如果出现希望实施新范式的学生多于教师的情况怎么办？这种情况如果采用分阶段方法的话就可能会带来严重的政治影响。

2. 即时性。如果我们认识到现有的体制不能很好地服务学生，而新的体制却能够更好地发挥作用，那么为什么还让学生继续处于这种没有优势的体制中呢？新的方法有利于所有学生的发展。

3. 公平。处于连续体创新者一端的教师很可能是一些很优秀的教师。如果这是事实的话，那么一部分学生（可能是最没有优势的学生）在分阶段变革中就只能接受低质量的教育经历。如果要缓和这种状况，可以在每一幢教学楼里安排相同数量的创新型教师，或者也可以为所有学生提供同等的选择机会。对于那些不关注孩子教育或不愿花时间来做合理选择的家长，这样做也是一种补偿。

总之，当学区规模大，还有不同的分歧和分化，并且迫切需求进行部分变革，却又不愿参与整体变革时，此时分阶段方法（或平行系统）可能是最适用的。

应该引进模式还是自己创造模式？

已经有一些教育模式（或学校设计）可以用来体现信息时代范式下重要的核心理念——或至少正朝着这个方向发展。这些模式有蒙台梭利模式（Montessori），远见教育学校模式（EDVisions），学习大视界（Big Picture Learning），重塑学校联盟（Reinventing Schools Coalition），新科技高中模式

(New Tech High)，拓展学习模式（Expeditionary Learning）和网络通讯技术系统（CoNect Systems）。

以下是引进这样一个模式的优点：

1. 便捷。所有的设计工作都是现成的。已经开发出了用于提升学习的方法和资源，创建了用于管理学习过程的工具，并且也有了用于教师培训的项目。

2. 省时。所有的便利条件都可以让实施新体制的时间缩短。

3. 可靠。这些方法和资源大都经过了很多轮的试验和改善，这就表明了它能发挥很好的作用。

不过，创造自己的模式也有优点。而且，创造时也不排斥部分利用他人已经开发好的模式。

1. 积极认同。当教师齐心协力一起规划自己的系统时，他们在一定程度上就会投入并理解这个系统，这会达到其他任何方法所不能达到的效果。

2. 因地制宜。针对具体学区而专门设计的系统，可以更好地满足将要使用该系统的社区、学生和教师的需求。

3. 不断完善。大部分现存的模式都是信息时代范式早期的不完整版本。我们不能保证一个本土的模式会更加完整，但是教师会仔细分析现有的模式，吸收它们各自的优点来完善自己的设计，这样设计出的系统会比任何一个"现成拿来"的模式更接近自己学区的理想愿景。

要超越"两者择一"的想法，可以把问题设计成一个连续体——从完全采用外界模式不加任何修改的一个极端，到重新制定一个新的模式而不利用其他模式任何部分的另一个极端。问题就变成了"你应该位于序列的哪个位置？"

例如，你可以对现有模式作出重大修改后再用，也可以把两个不同模式的主要元素结合起来再用。位于新罕布什尔州郊区的罗伯特·弗罗斯特特许学校，就结合了蒙台梭利法与类似用于远见教育学校的项目学习法，形成了一个专门用于满足社区与学生群体需求的模式。通过开发与社区目标和价值观紧密结合的项目，罗伯特·弗罗斯特特许学校就能够获得关键的领导者的支持，而这些领导者在学校创立初期就变成了重要的倡导者。

在接下来的几年里，可能需要进行更多的创造，但随着开发的模式越来越多并且也越来越好，这时需要的创造将相对减少。

新学校要提前设计到什么程度？

范式变革的一种方法是在实施变革前先设计好每一个细节——在实施任何活动前先设计好新学校的所有特色。另一种方法是在变革中逐渐完善之前的设计——从学区理想愿景的核心理念开始实施，并允许通过尝试错误来形成新学校的特色。

先提前设计好每一个细节有以下两个好处：

1. 少走弯路。如果你在实施之前能对新学校的所有特色予以仔细考虑，那么就更有可能在即时设计过程中避免可能会遇到的问题。也就是说，教师在实施的过程中遇到挫折的机会就会更少，而学生的学习体验则更佳。

2. 尽量完美。比起即时设计法，在设计细节的过程中集思广益，可能会促成一个更完整的范式变革，因为当你遇到问题的时候，你会倾向于根据你已知的去做或者回到之前已习惯的状态中。

另一方面，即时设计也有它的优点：

1. 省时快捷。使用即时设计法时，学校实施变革的时间会更短。

2. 灵活多样。我们不可能预计到当前学校为了符合该学区的理想愿景而进行变革的各种方式。学校系统实在是太复杂以至于我们不可能预先设计好每一方面。因此，为什么还要花大量的时间来设计这些很可能在试行后会有改变的特征？

这个问题又可以作为一个连续体——从设计好每一个细节到即时设计——来重新组织。在连续体的两个极端之间有一个方法，即运用你所在学区理想愿景中的核心理念来设计一些高杠杆作用的结构变革，并实施，当这些变革的成效变得较为明显时，再做一些另外的变革。我们把这个叫做范式变革中的杠杆型即时设计法（leveraged emergent approach）。

以下是一些高杠杆作用的结构变革的例子，这在第二章中有过说明：

1. 基于成绩达标的学习进度要求每位学生在进行下一阶段学习前先达到一个成绩标准，并且在掌握当前内容后允许他们直接进入下一内容的学习。

2. 标准参照评估取代常模参照评估以监督学生的学习（掌握或尚未掌握）。

3. 成绩达标清单记录了学生已经掌握的技能，以取代当前报告单上的分数。

4. 个人学习计划就是每一位学生的学习合同，它以时间表的形式描述了学生在规定的时间内用哪些方法学习哪些内容。

5. 教师的角色从"讲台圣贤"（讲授者）变为"协力指导"（促进者）。

6. 教学方法从以教师为中心变为以学习者为中心——在这里教育变成了自导学习、团队学习及项目学习。

要选择从这个连续体的哪个阶段开始，在一定程度上取决于你是借鉴一个模式还是自己创建一个模式。

本章小结

范式变革策略包括转变现有的学校和设计新的学校。每种策略都有三条基于不同规模的努力途径：

◇小型规模。特许学校可以自由变成另一种范式。这是最快和最容易的方法，从范式沿着 S 曲线发展来说也是比较理想的。

◇中等规模。整个学区比该学区内的单个学校有更多的自由。规模小的学区应该进行整体转变，而规模大的学区应该特许一个学区——由单个高中及为它输送学生的所有学校组成——独立于学区内的其余学校进行运作。

◇大型规模。州级变革是通过州级领导者之间的转型对话产生的。通过对话将产生一个半自主的"转型"单位以帮助那些准备进行范式转变的学区。

我们提出了范式变革的基本原则以促进转变的成功。以下是最重要的原则：

◇心态转变。这个过程必须优先帮助教师、学生、行政人员、父母和其他社区成员发展自身关于教育的心态。

◇建立共识。在变革的过程中，制定决策需要通过在共同学习中达成共识的基础上进行，而不是通过输赢投票的做法。

◇利益保障。这个过程必须促进众多利益相关者的所有权以使他们产生真正的责任感、减少变革的阻力并增强其发展的可持续性。

◇创造革新。这一过程必须包括创新型学校的设计。进行创造的时候应该考虑并借鉴先前教育者在其他地区已经成功的经验。

◇最佳设计。这一过程必须有助于利益相关者思考自己理想的新教育体制。

◇有效领导。这一过程必须得到该学区所有正式和非正式领导者的支持和帮助。独裁型领导范式必须转变为服务型领导范式，后者能够为所有利益相关者建立一个共同的愿景，并支持他们去实现这个愿景。

◇文化渗透。授权、全纳、建立共识、合作、系统思考、信任、透明度和宽容的文化是变革进程中所必需的。其他准备因素还包括了解如何思考系统、如何进行理想模式设计、如何制定基于共识的决策、如何作为集体的一分子起作用，以及如何理解不断改进和可持续性的概念。

◇系统杠杆。最先进行的应该是那些影响最大的结构变革，然后其余的变革会随着时间的推移自然而然地发生。

◇专业引领。经验丰富且毫无偏见的促进者必须引导变革的进程，并且其角色要从促进者逐渐转变为顾问。

◇积极投入。个体要随时参加一些能帮助其转变心态的活动和讨论、创造一个新体制并能实施变革。时间就是金钱。

◇技术支持。硬件和软件需要用来支持为学生量身定制的教学，并且也能够使学生和教师变得更自治、更自主。

开放性问题：

◇首先应该变革什么：观念还是行为？这取决于不同的情况，但两种变革同时进行则可能是最好的方法。

◇利益相关者应该开发出自己的理想愿景还是从其他地方加以借鉴？要回答需要多少利益相关者及哪些利益相关者应该参与开发理想愿景的问题，取决于与学区相关的多种因素。

◇整个学校（或学区）应是一次性变革还是分阶段变革？当学区规模大且还存在不同的分歧和分化，并且有些学校（但不是全部）还急需进行变革时，分阶段方法（或平行系统）可能是最适用的。

◇应该引进模式还是自己创造模式？在接下来的几年里，需要创建而不是引进更多的模式，但最后大多数模式是可以直接被引进而不用再自己创造。

◇新学校要提前设计到什么程度？在预先设计和即时设计的连续体之间找到一个合适的中间点。如何确定这个点在某种程度上取决于你自己是引进模式还是创建模式。

注释：

1. 这些研究人员包括教育部门的贝拉·巴纳塞（Bela Banathy）、弗朗西斯·

达菲（Francis Duffy）、菲利普·斯克乐齐特（Phillip Schlechty）、帕特里克·洁琳珂（Patrick Jenlink）和查尔斯·赖格卢特（Charles Reigeluth），还有在企业部门的罗素·阿科夫（Russell Ackoff）、彼得·圣吉（Peter Senge）、哈默和杰姆培（Hammer and Champy），请参见本章相关的阅读文献。

相关阅读文献

Ackoff, Russell L. *Creating the Corporate Future*. New York: John Wiley & Sons, 1981.

Banathy, Bela H. *Systems Design of Education: A Journey to Create the Future*. Englewood Cliffs, N. J.: Educational Technology Publications, 1991.

Banathy, Bela H. *Designing Social Systems in a Changing World*. New York: Plenum Press, 1996.

Duffy, Francis M. *Step-Up-To-Excellence: An Innovative Approach to Managing and Rewarding Performance in School Systems*. Lanham, MD: Scarecrow Education, 2002.

Duffy, Francis M., and Reigeluth, Charles M. "The School System Transformation (SST) Protocol. " *Educational Technology*, 48. 4 (2008): 41-49.

Duffy, Francis M., Rogerson, Lynda G., & Blick, Charles. *Redesigning America's Schools: A Systems Approach to Improvement*. Norwood, MA: Christopher-Gordon Publishers, 2000.

Fullan, Michael. *Leading in a Culture of Change*. San Francisco: Jossey-Bass, 2001.

Gladwell, Malcolm. *The Tipping Point: How Little Things Can Make a Big Difference*. New York: Little, Brown and Company, 2000.

Hammer, Michael. *Beyond Reengineering: How the Process-Centered Organization is Changing our Work and our Lives*. New York: HarperBusiness, 1996.

Hammer, Michael, and Champy, James. *Reengineering the Corporation: A Manifesto for Business Revolution*. New York: HarperBusiness, 2001.

Jenlink, Patrick M. (Ed.) *Systemic change: Touchstones for the future school*. Arlington Heights, Illinois: IRI/Skylight Training and Publishing, Inc. , 1995.

Jenlink, Patrick M., Reigeluth, Charles M., Carr, Alison A., and Nelson, Laurie M. "An Expedition for Change. " *Tech Trends* 41, No. 1 (1996): 21-30.

Joseph, Roberto, and Charles M. Reigeluth. "The Systemic Change Process: A Conceptual Framework. " *Contemporary Educational Technology* 1, No. 2 (2010): 97-117.

Kim, Daniel H. (2008). *Transformational Dialogue for Public Education: 50-State*

Strategy. http://knowledgeworks. org/conversation/research-and-resources/2/transformational-dialogue-public-education.

Kotter, John. *Leading Change*. Cambridge, MA: Harvard Business Review Press, 2012.

Reigeluth, Charles M. "Principles of Educational Systems Design." *International Journal of Educational Research* 19, No. 2 (1993): 117-131.

Reigeluth, Charles M. "A Leveraged Emergent Approach to Systemic Transformation. *TechTrends* 50 No. 2 (2006): 46-47.

Reigeluth, Charles M. "Chaos Theory and the Sciences of Complexity: Foundations for Transforming Education." In *Systems Thinkers in Action: A Field Guide for Effective Change Leadership in Education*, edited by Blane Despres. New York: Rowman & Littlefield, 2008.

Reigeluth, Charles M., and Duffy, Francis M. "The AECT FutureMinds Initiative: Transforming America's School Systems. *Educational Technology* 48 No. 3 (2008), 45-49.

Reigeluth, Charles M., and Stinson, Don. "The Decatur Story: Reinvention of a School Corporation - Leadership and Empowerment in Decatur's School Transformation. *The Indiana School Boards Association Journal* 53 No. 2 (2007), 13-15.

Rogers, Everett M. *Diffusion of Innovations* (3rd ed.). New York: The Free Press, 1983.

Schlechty, Phillip C. *Schools for the Twenty-First Century: Leadership Imperatives for Educational Reform* (1st ed.). San Francisco: Jossey-Bass Publishers, 1990.

Schlechty, Phillip C. *Shaking up the Schoolhouse*. San Francisco: Jossey-Bass, 2001.

Schlechty, Phillip C. *Working on the Work*. New York: John Wiley & Sons, 2002.

Schlechty, Phillip C. *Creating Great Schools: Six Critical Systems at the Heart of Educational Innovation*. San Francisco: Jossey-Bass, 2005.

Senge, Peter M. *The Fifth Discipline: The Art and Practice of the Learning Organization* (1st ed.). New York: Doubleday, 1990.

Senge, Peter M. *Schools that Learn: A Fifth Discipline Fieldbook for Educators, Parents, and Everyone who Cares about Education* (1st ed.). New York: Doubleday, 2000.

Wagner, Tony, and Robert Kegan. *Change Leadership: A Practical Guide to Transforming Our Schools*. San Francisco: Jossey-Bass, 2006.

相关网站资源

The Saturn School of Tomorrow: http://www2. ed. gov/pubs/EdReformStudies/EdTech/

saturn.html

The Microsoft School of the Future: https://www.eschoolnews.com/2009/06/01/school-of-the-future-lessons-in-failure/

第五章　政府的职能

最终，美国的教育系统将会进行范式的变革，并且整个教育系统的绩效将会得到极大改善——每位学生的教育成本很可能会比工业时代范式的成本低。但是要从当前的系统转变为新的范式，所需的花费也绝不是一笔小数目。

试想一下 1927 年的交通运输系统，当时林得伯格才刚刚完成横跨大西洋的试飞。因此还需要大量的研发工作，才能让乘客和货物慢慢地由火车和轮船改为由飞机运送。二战期间，政府对此研发工作进行了投资，这就大大加快了该过程的转变。

同样，如果在教育新范式的研发工作中没有公共投资的支持，那么范式转变的过程可能就会变得费力而缓慢。那些需要在很长一段时间内为范式转变做出努力的教育工作者，就会感受到这个过程带来的痛苦，而受过时的教育系统伤害的学生、社区和经济也同样会有这种感受（见附录 B）。

因此，什么样的公共投资有可能会产生最大的回报？它是否有助于生成更多有关过程和产品（或者方法与结果）的知识？这个产品或者结果，就是新范式的内容，包括角色、方法和工具。至于过程或者方法，就是如何把我们目前的学校系统转换成新的范式并进一步开发出新范式下的新学校系统。

我们建议联邦政府可以为以下四种主要教育措施进行投资：

1. 支持用于信息时代范式的开源技术工具的开发；
2. 支持特许学校引领信息时代系统的最佳实践；
3. 帮助各州提升促进学区范围内范式变革的能力；
4. 创生支持有关范式变革过程的知识。

第一节　支持技术工具的开发

在第二章中我们讨论了信息时代范式中数字技术所起的作用，而同样的技术在工业时代范式下只起着较小的次要作用。技术的新功能包括记录保持、计划、教学、学生学习评价及各种沟通和管理过程。

如果要你去思考一下交通系统中的机动车辆。最初，你可能只想到了汽车及其发展。但是如果更深一步地挖掘下去，你很可能就会意识到为了让20世纪初的汽车发展到现在这个水平，会需要大量消费得起的燃料。想象一下这个研发过程需要投入多少资金，包括原油勘探、钻孔、提炼、成品油分销及零售。想想需要建设的基础设施——加油站、炼油厂、油轮及管道！

机动车辆还需要良好的道路配套。早期的道路标准是泥土路和鹅卵石街道。而后大量的研究转到沥青、混凝土材料和桥梁设计中，并对基础设施投入巨资以建造公路和州际高速路。所以，政府的支持至关重要。当然，有了政府的支持还不够，大家还需要有维护和修理汽车的方法。于是修理店、配件经销商和零部件发配系统就应运而生，随着时间的推移这些部门还需要不断予以改善。此外还有：驾驶许可、汽车保险、竖立定向及其他类型的标志、确立和加强交通法规、建立安全标准，等等。这些都为美国机动车辆交通系统的建立成功发挥了各自的作用。

然而，信息时代的教育范式比汽车工业还要复杂得多，因此它需要用更多的研发工作来推动该范式沿着S曲线向前发展（见第一章）。我们坚信，竞争和市场机制能为睿智的投资提供有价值的诱因，这些投资正是对客户的意愿作出回应。这样，我们的第一直觉就是期望商界能为新教育范式的基础设施（数字化机器和软件）进行必要的投资。然而，比起基于哲学或意识形态来作决定，我们更要以实用主义的态度看待大家面临的阻碍、选择和结果。

先行引导。首先，仍是先有鸡还是先有蛋的问题：因为没有足够的新范式学校去买这些教育工具，所以目前对这些工具的投资寥寥无几，而反过来，正因为没有足够多的好工具让新时代范式更有可行性，所以也就没有更多的新式学校出现。那么在这个自动化数字工具的发展过程中，公众（政府）就要担负初期的投资，而接下来可以由私人企业和最终用户来进行后续的投资。

坚持免费。信息时代的一个重要特征是资源的开放（应理解为"免费"）。先看看Linux电脑操作系统，它可以用来代替微软Windows或Mac OSX操作系统。用户为系统的发展作出贡献，同时他也就能免费使用该系统。再来看看维基，这是由用户创造的百科全书——由用户更新并且对所有人开放。在教育中，Moodle, Sakai及eFront都是开放的资源，都可以用来代替一些课程管理系统，如Blackboard, CCNet和培生出版公司的Pegasus。这不是政府与企业竞争，而是广大用户一起合作与企业竞争。这就是托夫勒提出的"产消合一者"概念——信息时代的消费者同时也是生产者——这给降低教育成本展示了一个美好的前景。

教育机构，包括麻省理工学院、哈佛大学及佛罗里达开放高中和犹他州开放高中，都建立了各自的教育资源并且放于互联网上供大家免费使用。还有可汗学院也是如此。各级各类教育系统的教师都为大量的开放教育资源贡献了许多课程计划和课程内容。用户一起合作与企业竞争，重在分享的这一思路，逐渐代替了软件和课件方面的传统商业模式。这个趋势对开发基于网络的教育工具和降低教育成本有着重要的影响。

鸡和蛋的问题同样也与开放的教育资源有关。在开源系统的架构和组件的初始发展阶段，如何快速地让这些免费的教育工具变得足够强大，以至于能够在全国范围内让更多的学校系统相对顺利地转换为新范式，这就需要联邦政府的适度公共投资。它对教育产生的影响甚至会比州际高速公路对汽车的产量和汽车运输系统产生的影响更大。很明显，这样的投资联邦政府出面要比州政府更合适，因为州政府的努力在很大程度上可能是重冗的。

第二节　支持引领最佳实践

范式变革面临的主要问题是尽快地让新系统沿着 S 曲线向前发展，这对学生的学习、社区生活的质量及美国的经济竞争力都会有很大的影响，时不我待啊！

在第四章中，我们解释了一个学校进行根本性变革会让它与学区的其余学校不甚相容，往往只好走回头路。我们已经指出一种解决措施就是把学区作为变革的单位。但是，比起把单个的学校转换为新范式来说，学区变革则需要更长的时间。考虑到时间是如此的重要，因此很多情况下，最好的选择就是变革特许学校，因为特许学校没有来自学区的压力要求其走回头路。

不幸的是，鲜有特许学校会利用它们的这种自由，主要原因有二：

◇缺乏远见。不理解什么是信息时代范式及为什么会对该范式有如此强烈的需求。

◇成本过大。要设置一个与目前标准大不相同的新系统需要花费大量的时间和金钱——还没有为新系统培养出足够的教师和开发出强大的工具。

因此，尽管新范式的学校中每位学生花费的成本很可能比工业时代学校花费的成本要少得多，但还是会有两种成本超过大部分特许学校所能承受的范围。

第一种是设置新范式的成本，包括获得所需的数字技术工具及为教师适应新角色提供的专业培训。

第二种是研究及培训的费用，它能推动新系统沿 S 曲线向前发展，从而让其他学校系统也能更容易地转换为新范式。

特许学校参与研发面临的主要困难是美国中小学的教育过程从学前延伸至 12 年级——而不只是幼儿园至 8 年级或者 9 至 12 年级。信息时代范式与学校的工厂模式是如此的不同，以至于让学生从一个范式转向另一个范式非常困难。蒙台梭利学校的学生中就有大量这样的例子，他们很难将自我指导型、项目型学习环境（在这样的学习环境中他们参与某项学习直至完全掌握为止）转换为教师主导的、脱离情境的、聚焦筛选分类的学习环境。因此，那些参与这类研发的特许学校应该为每位学生提供整个教育过程（学前至 12 年级），或者与其他特许学校一起合作完成这个过程。

有一些幼儿园至 8 年级和 9 至 12 年级的特许学校已经开发了新范式的早期模式（见第三章和附录 A）。我们倡议其中的一些公立特许学校应该在竞争的基础上得到政府的支持，进而研究并改善变革的工具和实践，这样当其他公立学校转向生本中心范式时，就能够利用这些工具和实践经验了。这一倡议应该由联邦政府来实施，这样会使简单复制范式的概率最小化，也可以尽可能地增强那些最有前景的特许学校之间的交流与合作。

这种类型的公共投资可以获得巨额的收益——不是通过支持特许学校获得收益，而是通过将特许学校作为教育研究与发展的工具从而改善信息时代范式获得收益。如果没有公共投资来推动新范式沿着其 S 曲线发展，系统变革的过程将可能非常缓慢，而学生、社区和美国的经济也将会遭受到更长时间的磨难。如若停止研发的措施，其成本毫无疑问会大大超出所需的公共投资额。

第三节　帮助州政府提升促进范式转变的能力

学区缺乏进行成功范式变革所需的专业知识和资源。我们认为州教育机构（state education agencies，SEAs），通常称为州教育部门，作为帮助学区变革的主要机构将发挥最重要的作用，原因有三：

1. 通常州教育机构的政策是范式变革的主要障碍，因此必须要转变这些机构的政策才能有利于学区转换为新的范式；

2. 州政府对公立教育负有主要的法律责任；

3. 作为税收者，州政府有自己的方式分配资金以补偿学区层面范式变革的费用。

州教育机构要承担起这个角色，需要做些什么呢？首先，来自所有主要利益相关者群体的州政府领导者，包括管理者和立法者，必须参与"转型对话"并就有关范式变革的需求达成一致意见。培养参与范式变革的意愿和责任感是州政府支持变革的首要条件。从 2007 年始，"知识工作基金会"和"教学与国家未来全国联盟"（National Coalition on Teaching and America's Future）一起合作促进俄亥俄州的一次州级变革对话过程就可以视为全国的典范。

第二，在州政府领导人有了范式变革的意愿和责任感后，他们就需要培养州教育机构的能力以促进学区范围的范式变革，包括专业知识和资源的支持。

美国教育部可以通过主动帮助州政府领导者达到四个初期的目标来促进国家教育系统的变革，这四个目标涉及教育系统中的范式变革：

1. 参与转型对话过程；

2. 在州教育机构设置并发展一个单位，该单位只负责促进学区内的范式变革；

3. 修改州政府法律和政策以消除对范式变革的干扰影响；

4. 通过提供与州政府资金匹配的联邦政府资金来帮助学区以最好的准备状态参与范式变革过程。

第四节 创生有关范式变革过程的知识

实施范式变革远比进行片段零散的改革要难得多，因而目前为止几乎还没有任何研究提出了有关范式变革过程的知识，可能是因为人们对此知之甚少。我们需要更多有关如何帮助大家逐渐发展有关教育理念的知识。我们还需要进一步学习如何确立利益相关者的范式变革所有权，学习如何实施基于共识而制定决策，学习如何帮助人们参与设计理想愿景，学习如何帮助管理者实践服务型领导，学习如何帮助大型学区明确在范式变革中遇到的特殊障碍，等等。

我们还需要更多用以支持信息时代范式下有关数字技术工具设计的知识，有关如何改进教师培训工作以适应新角色及使用新工具的知识，有关如何帮助学区办公室在实践过程中从发号施令和管束别人的角色转换为支持的角色。

鉴于有关范式变革过程中多方面知识实在欠缺，资金就成了发展该种知识并以此帮助学区成功地参与范式变革的一个关键因素。

第五节 国家层面的方略

我们已经提出了四个联邦政府可以资助的主要教育措施：

1. 支持用于信息时代范式的开源技术工具的开发；
2. 支持特许学校引领信息时代系统的最佳实践；
3. 帮助州政府提升促进学区级范式变革的能力；
4. 支持创生有关范式变革过程的知识。

通过资助这四个措施，联邦政府可以明显地加速国家教育系统中范式变革的进程。我们建议仿照美国国家科学基金会创立"教育改革基金会"，该基金会将拥有自主权和资源来资助类似的措施。我们还建议对这四个措施采取分阶段方法，这在下一节会进行具体说明，表 5.1 是相关的总结。

表 5.1 四个政府措施及其阶段

1. 开发技术工具	2. 引领最佳实践	3. 帮助州政府提升变革能力	4. 创生有关范式变革过程的知识
1.1 设计一个综合性工具 1.2 开发这个工具 1.3 对该工具进行实地试验	2.1 确定特许学校 2.2 评价并改善其中一些学校 2.3 支持新的特许学校	3.1 与两个州合作 3.2 扩大参与变革的州的范围	4.1 审查现有的知识 4.2 实施研究来改善现有的知识

开发技术工具

该措施的第一阶段可能会在竞争的基础上涉及基金会的资助：(1) 对已有的技术工具进行分析，看看哪些能提供信息时代教育范式所需求的功能；(2) 基于以上分析，再设计一个互动型的开源数字技术系统，该系统能整合教育过程中的四个核心功能：为学生的学习进行记录、计划、教学及评价。

第二阶段可以集中在资助开源系统的开发上（跟以往一样，通过竞争性的投标，即让机构提交有关该工作的计划书，并择优资助）。

第三阶段可以资助该技术系统进行实地试验——可以选择正在向新范式转变的特许学校——以期不断地改善并进一步发展该系统。这可能对吸引第二阶段的学校参与很有帮助，下一节将进行介绍。

引领最佳实践

在这个措施的第一阶段，基金会可以对确定特许学校的过程进行资助，所选的特许学校应该在采纳信息时代范式上已经取得了显著的进展。这类学校的初步名单见附录 A。

在第二阶段，可以通过形成性评估来支持其中一些特许学校进一步完善其方法、实践、工具、文化、制度系统及教师技能。这种评估方式可以鉴别出优势和劣势，并且还能找出一条可行的途径来克服劣势并且不会削弱优势。这将有助于推动信息时代范式沿着 S 曲线发展。这个阶段可能会有利于其他三个措施的实施，而这些特许学校将是进行技术系统实地试验的最佳候选者。

在第三阶段，基金会可以为特许学校提供支持以完成计划和实施新范式，这样做是为了给他们提供更多的机会以强化新范式。

帮助各州提升能力

在第一阶段，基金会可以和两个州[1] 一起合作，当然这两个州都有着很强的意愿参与类似在俄亥俄州[2] 进行的由"知识工作基金会"资助的"公立教育转型对话"。这个过程有助于提升州政府的各种能力，颁布法规并设立机构，不管该机构设在州教育机构内部还是独立其外，这样就可以促进该州学区范围的范式变革。作为该项目的一部分，基金会要帮助各州选择一些不同规模的学区以引领范式变革。

本措施的第二阶段可能会按比例扩大努力的范围，以帮助另外一些已经准备好参与类似州级范式变革过程的州投身进来。

创生更多有关范式变革过程的知识

在第一阶段，基金会也许会资助对两类现有知识的审查：在单个的学区内怎样完成范式变革以及怎样提升州政府的能力以促进学区层次上的范式变革进程。这一工作应该先于第二项措施和第三项措施的第一阶段，并将审查的结果予以公布。

在第二阶段，基金会可能会资助这样一种努力，即在现有的关于范式变革进程知识基础上应用基于设计的研究方法所做出的努力。这些努力包括和学区或者州一起合作来帮助他们落实现有的关于学区级或州级转型过程的知识，明确哪些知识被应用后效果好而哪些差，在寻求改进的过程中尝试完善那些效果不好的知识。当然，前提是不削弱其本身的优势。自从 2001 年 1 月开始，印第安纳波利斯迪凯特镇大都会学区就已经开始了这方面的研究。这类研究也可以在第二项措施的第二阶段及第三项措施的第一阶段进行。这类研究还需要不断循环重复地进行，这样才能持续完善有关怎样让教育系统向信息时代范式转变的知识。

每个措施的这种分阶段方法都考虑到了有关转型过程中大量知识的发展，以大幅度地提高学区范式变革的成功机率，减少变革所需的时间。为教育转型设立的基金会将极大地促进知识和经验在这四个措施以及参与变革的各州和学区之间进行分享。

最后，还需要开发出培养师资的项目，因为在信息时代教育范式下教师将扮演大不相同的角色，同时这些项目也可以用于领导力的培养，但是当务之急是对在职教师而不是职前教师进行角色转换培训。基金会在这方面也将会发挥重要的作用。

结语

你可能会问："如果没有公共投资，范式变革过程还会发生吗？"当然！事实上，正如托夫勒在《第三次浪潮》一书中令人信服地论证那样，教育上的范式变革不可避免地成为了由信息革命带来的变革的巨大浪潮中的一部分。这些问题有：

1. 这场范式变革将持续多久？
2. 在范式变革的过程中教育者需要忍受多少冲突、痛苦及煎熬？
3. 在向新范式过渡期间，学生、社区和经济将会遭受多大程度的损害？（参见附录 B）

如果没有联邦政府的资助，向新范式转变的进程将会仍然是缓慢而零散的。只要仔细分析所有的成本效益就会发现，这样的一项重大公共投资其收益将超过成本好几倍。

本章小结

以下是四个需要联邦政府支持的教育范式变革措施：

1. 开发技术工具

◇ "先行引导"以激励私人投资技术工具

◇ "先行引导"以推动用户开发开源软件

2. 引领最佳实践

◇特许学校有一个独立于学区之外的系统，因此进行范式变革的时候就不会遭受学区中旧范式结构的反对。

◇特许学校会有两次与范式变革相关的成本投入：（1）安置新范式的时候（工具和教师专业发展的成本）；（2）改进新范式时用以促进其沿着 S 曲线发展而进行的研发工作。

◇特许学校必须包括所有年级段的学生，需要跨越当地公立教育的整个基础教育阶段过程。

◇基础教育阶段的特许学校应该根据竞争的结果得到联邦政府的支持，以进一步研发工具及实践，这些进展可以让普通的公立学校更容易也更快地转变为聚焦学习的范式。

3. 提升各州的能力以促进范式变革

◇大多数学区缺乏专业知识和资源来进行范式变革。

◇州政府应该是帮助学区转变为新范式的主要机构。

◇州政府需要外部的促进条件和资源来培养支持学区转型的意愿和能力。如果没有基金会的支持，学区转型的几率就很小，或者将要经过更长的时间才会实现。

◇各州领导者必须参加一个转型对话，最终制定出法规并发挥制度上的优势帮助学区进行自我转变。

4. 创生有关范式变革过程的知识

◇范式变革远远比片段零散的改革更困难也更冒险，因此就需要更多有关如何帮助系统成功地转型为新范式的知识。

◇需要更多有关设计数字技术的知识以支持新范式。

◇对创生有关范式变革的知识进行资助将极大地提高转型的成功率。

联邦政府可以分阶段采取措施。

1. 工具。第一阶段分析现有的工具。第二阶段开发一个综合性系统。第三阶段对该系统进行实地试验。

2. 引领最佳实践。第一阶段确定那些最佳应用信息时代范式的特许学校。第二阶段帮助其中一些学校进一步发展其工具和实践。第三阶段帮助新的特许学校实施这个新范式。

3. 州政府的能力。第一阶段帮助两个州参与转型对话并制定法规、建立一个机构来帮助学区进行转型。第二阶段按比例扩大支持其他有着极强意愿进行变革的州。

4. 知识。第一阶段为审查现有的有关学区级和州级范式变革过程的知识。第二阶段对联合学区级的、州级的范式变革中应用那些知识的过程进行研发。

最后，对设计教师培训和领导力项目予以支持也将是非常有益的。

注释：

1. 应该不限于只是一个州，以防止单个州的努力会被当地的课程打乱；但是又不能超过两个州，因为那样会分散范式变革取得早期成功所需的资源。

2. 在第四章"范式变革过程的策略"一节中有讨论。

相关阅读文献

Design-Based Research Collective. "Design-Based Research: An Emerging Paradigm for Educational Inquiry." *Educational Researcher* 32 No. 1 (2003): 5-8.

Kim, Daniel H. (2008). *Transformational Dialogue for Public Education: 50-State Strategy*. http://knowledgeworks.org/conversation/research-and-resources/2/transformational-dialogue-public-education.

Reigeluth, Charles M., & Duffy, Francis M. "The AECT FutureMinds Initiative: Transforming America's School Systems." *Educational Technology* 48 No. 3 (2008): 45-49.

Reigeluth, Charles M., & Stinson, Don. "The Decatur Story: Reinvention of a School Corporation -Mission and Values for Decatur's School Transformation." *The Indiana*

School Boards Association Journal 53 No. 1 (2007):17-19.

Richter, Kurt B. "Integration of a Decision-Making Process and a Learning Process in a Newly Formed Leadership Team for Systemic Transformation of a School District." PhD diss., Indiana University, 2007.

Richter, Kurt, and Reigeluth, Charles M. (2010). "Systemic Transformation in Public School Systems." In *Dream! Create! Sustain!: Mastering the Art & Science of Transforming School Systems*, edited by Francis M. Duffy, 288-315. Lanham, MD: Rowman & Littlefield Education.

Schlechty, Phillip C. *Schools for the Twenty-First Century: Leadership Imperatives for Educational Reform* (1st ed.). San Francisco: Jossey-Bass Publishers, 1990.

Schlechty, Phillip C. *Shaking up the Schoolhouse*. San Francisco: Jossey-Bass, 2001.

附录 A 正在进入信息时代范式的学校

表 A.1 列出了一些学校，在印第安纳大学一研究团队看来，它们是很有希望转变成信息时代教育范式的。不过这份清单是暂时性的，因为该研究团队只是初步分析了有关这些学校的公开信息。该研究团队是由 Dabae Lee 领导的，其他成员有 Yeol Huh，Chun-Yi Lin 及查尔斯·赖格卢特。其他人如 Eulho Jung，Mina Min 及 Verily Tan 则辅助该团队开展工作。

表格中分别呈现了学校的名称、学校系统的类型（单个学校、学区或示范学校）、是否具有信息时代范式的五个标准——基于成绩达标、个性化学习、基于问题的合作学习、标准参照评估及混龄编组并且跨龄指导。

每个学校符合这些特征的情况会不一样，最后一栏评价等级的数字就表示了该校一共符合几个特征，这些等级表明了不同的学校系统能在何种程度上实施信息时代范式。当然，这里没考虑标准之间的权重问题。在相同的等级内学校是按字母顺序列出的，而最前面的是那些最符合信息时代核心理念的学校。

如果你知道其他任何类似这张表列出的学校，请与我们联系（reigelut@indiana.edu），以便于我们完善现有的信息：www.reinventingschools.net。

表 A.1 正在进入信息时代范式的学校

	学校名称	类型	示范学校或学区	重在成绩达标	个性化学习	基于问题合作学习	标准参照评估	混龄分组跨龄指导	等级(1-5)
1	Chenega Bay 社区学校	学区	楚加奇学区	V	V	V	V	V	5
2	Tatitlek 社区学校	学区	楚加奇学区	V	V	V	V	V	5
3	Whittie 社区学校	学区	楚加奇学区	V	V	V	V	V	5
4	Aveson 学校	示范学校	远见教育学校	V	V	V	V	V	5
5	家庭合伙学校	示范学校	远见教育学校	V	V	V	V	V	5
6	Golden Eagle 特许学校	示范学校	远见教育学校	V	V	V	V	V	5

7	New Haven 青年和家庭服务	示范学校	远见教育学校	V	V	V	V	V	5
8	North County 贸易技术高级中学	示范学校	远见教育学校	V	V	V	V	V	5
9	Hakipuu 学习中心	示范学校	远见教育学校	V	V	V	V	V	5
10	Kickapoo 国家学校	示范学校	远见教育学校	V	V	V	V	V	5
11	Blue Hill Harbor 学校	示范学校	远见教育学校	V	V	V	V	V	5
12	Academic Arts 高级中学	示范学校	远见教育学校	V	V	V	V	V	5
13	Avalon 学校	示范学校	远见教育学校	V	V	V	V	V	5
14	Edvision Off Campus	示范学校	远见教育学校	V	V	V	V	V	5
15	El Colegio 特许学校	示范学校	远见教育学校	V	V	V	V	V	5
16	Harbor 城市国际学校	示范学校	远见教育学校	V	V	V	V	V	5
17	录音艺术高级中学	示范学校	远见教育学校	V	V	V	V	V	5
18	明尼苏达新乡村学校	示范学校	远见教育学校	V	V	V	V	V	5
19	新世纪中学	示范学校	远见教育学校	V	V	V	V	V	5
20	Northern Lights 社区学校	示范学校	远见教育学校	V	V	V	V	V	5
21	Northfield 艺术与技术学校	示范学校	远见教育学校	V	V	V	V	V	5
22	RiverBend 学院	示范学校	远见教育学校	V	V	V	V	V	5
23	SAGE 学院	示范学校	远见教育学校	V	V	V	V	V	5
24	独立研究学院	示范学校	远见教育学校	V	V	V	V	V	5
25	探究知识学院	示范学校	远见教育学校	V	V	V	V	V	5
26	High Desert 蒙台梭利学校	示范学校	远见教育学校	V	V	V	V	V	5
27	Resource Link 特许学校	示范学校	远见教育学校	V	V	V	V	V	5
28	Propel Andrew Street 高级中学	示范学校	远见教育学校	V	V	V	V	V	5
29	Eagle Harbor 高级中学	示范学校	远见教育学校	V	V	V	V	V	5
30	凤凰学校	示范学校	远见教育学校	V	V	V	V	V	5
31	Rivercity Leadership 中学	示范学校	远见教育学校	V	V	V	V	V	5

32	Spokane Medicine Wheel	示范学校	远见教育学校	V	V	V	V	V		5
33	Birchwood Blue Hills 特许学校	示范学校	远见教育学校	V	V	V	V	V		5
34	合作教育服务机构♯12	示范学校	远见教育学校	V	V	V	V	V		5
35	十字路口中学	示范学校	远见教育学校	V	V	V	V	V		5
36	高级博物馆环境特许学校	示范学校	远见教育学校	V	V	V	V	V		5
37	Kornerstone 学校	示范学校	远见教育学校	V	V	V	V	V		5
38	Northwoods 社区初级中学	示范学校	远见教育学校	V	V	V	V	V		5
39	TAGOS 领导中学	示范学校	远见教育学校	V	V	V	V	V		5
40	Valley 新学校	示范学校	远见教育学校	V	V	V	V	V		5
41	Robert Frost 特许学校	单个学校	不适用	V	V	V	V	V		5
42	远大前程学校	单个学校	不适用	V	V	V	V	V		5
43	The Brooklyn Free 学校	单个学校	不适用	V	V	V	V	V		5
44	Highland 技术特许学校	单个学校	重塑学校联盟	V	V	V	V	V		5
45	Westminster Crown Pointe 学院	学区	亚当斯县学区 50	V	V	V	V			4
46	早期儿童中心	学区	亚当斯县学区 50	V	V	V	V			4
47	F. M. Day 小学	学区	亚当斯县学区 50	V	V	V	V			4
48	Fairview 小学	学区	亚当斯县学区 50	V	V	V	V			4
49	Flynn 小学	学区	亚当斯县学区 50	V	V	V	V			4
50	Harris Park 小学	学区	亚当斯县学区 50	V	V	V	V			4
51	Hidden Lake 高级中学	学区	亚当斯县学区 50	V	V	V	V			4

52	Hodgkins 小学	学区	亚当斯县学区 50	V	V	V	V		4
53	Mesa 小学	学区	亚当斯县学区 50	V	V	V	V		4
54	Metz 小学	学区	亚当斯县学区 50	V	V	V	V		4
55	Ranum 初级中学	学区	亚当斯县学区 50	V	V	V	V		4
56	Scott Carpenter 初级中学	学区	亚当斯县学区 50	V	V	V	V		4
57	Shaw Heights 初级中学	学区	亚当斯县学区 50	V	V	V	V		4
58	Sherrelwood 小学	学区	亚当斯县学区 50	V	V	V	V		4
59	Skyline Vista 小学	学区	亚当斯县学区 50	V	V	V	V		4
60	Sunset Ridge 小学	学区	亚当斯县学区 50	V	V	V	V		4
61	Tennyson Knolls 小学	学区	亚当斯县学区 50	V	V	V	V		4
62	Westminster 小学	学区	亚当斯县学区 50	V	V	V	V		4
63	Westminster 高级中学	学区	亚当斯县学区 50	V	V	V	V		4
64	Carpe Diem Collegiate 高级中学	示范学校	Carpe Diem 学校	V	V	V	V		4
65	Carpe Diem Collegiate 高级中学 dba Carpe Diem 在线学习社区	示范学校	Carpe Diem 学校	V	V	V	V		4

66	Aniak Jr. Sr. 高级中学	学区	Kuspuk 学区	V		V	V	V	4
67	Auntie Mary Nicoli 小学	学区	Kuspuk 学区	V		V	V	V	4
68	Crow Village Sam 学校	学区	Kuspuk 学区	V		V	V	V	4
69	George Morgan Sr. 高级中学	学区	Kuspuk 学区	V		V	V	V	4
70	Gusty Michael 学校	学区	Kuspuk 学区	V		V	V	V	4
71	Jack Egnaty Sr. 学校	学区	Kuspuk 学区	V		V	V	V	4
72	Johnnie John Sr. 学校	学区	Kuspuk 学区	V		V	V	V	4
73	Joseph & Olinga Gregory 小学	学区	Kuspuk 学区	V		V	V	V	4
74	Zackar Levi 小学	学区	Kuspuk 学区	V		V	V	V	4
75	Chignik Bay 学校	学区	Lake and Peninsula 学区	V	V		V	V	4
76	Chignik Lagoon 学校	学区	Lake and Peninsula 学区	V	V		V	V	4
77	Chignik Lake 学校	学区	Lake and Peninsula 学区	V	V		V	V	4
78	Egegik 学校	学区	Lake and Peninsula 学区	V	V		V	V	4
79	Igiugig 学校	学区	Lake and Peninsula 学区	V	V		V	V	4
80	Kokhanok 学校	学区	Lake and Peninsula 学区	V	V		V	V	4
81	Levelock 学校	学区	Lake and Peninsula 学区	V	V		V	V	4
82	Meshik 学校	学区	Lake and Peninsula 学区	V	V		V	V	4
83	Newhalen 学校	学区	Lake and Peninsula 学区	V	V		V	V	4

84	Nondalton 学校	学区	Lake and Peninsula 学区	V	V		V	V	4
85	Perryville 学校	学区	Lake and Peninsula 学区	V	V		V	V	4
86	Pilot Point 学校	学区	Lake and Peninsula 学区	V	V		V	V	4
87	Tanalian 学校	学区	Lake and Peninsula 学区	V	V		V	V	4
88	Lewis S. Libby 学校	学区	Milford 学区	V	V	V	V		4
89	Burchard A. Dunn 学校	学区	MSAD 15 Gray New Gloucester	V	V	V	V		4
90	Gray-New Glouceste 高级中学	学区	MSAD 15 Gray New Gloucester	V	V	V	V		4
91	Gray-New Glouceste 初级中学	学区	MSAD 15 Gray New Gloucester	V	V	V	V		4
92	James W. Russell 学校	学区	MSAD 15 Gray New Gloucester	V	V	V	V		4
93	Memorial 学校	学区	MSAD 15 Gray New Gloucester	V	V	V	V		4
94	Manchester 技术学校	单个学校	不适用	V	V	V	V		4
95	I. S. 228 David A. Boody Intermed 学校	单个学校	不适用	V	V	V	V		4
96	I. S. 339 Tech Tigers	单个学校	不适用	V	V	V	V		4
97	M. S. 131 Dr. Sun Yat Sen 初级中学	单个学校	不适用	V	V	V	V		4
98	Nova 高级中学	单个学校	不适用		V	V	V	V	4
99	The New 学校	单个学校	不适用	V			V	V	4
100	Pleasant View 小学	单个学校	不适用	V	V	V	V		4
101	Ballard Brady 初级中学	学区	新生代学习	V	V	V	V		4
102	Orange 高级中学	学区	新生代学习	V	V	V	V		4

103	Moreland Hills 小学	学区	新生代学习	V	V	V	V		4
104	Kettle Moraine Global 特许学校	示范学校	新生代学习		V	V	V	V	4
105	Alakanuk 学校	示范学校	重塑学校联盟	V		V	V	V	4
106	Emmonak 公立学校	示范学校	重塑学校联盟	V		V	V	V	4
107	Hooper Bay 学校	示范学校	重塑学校联盟	V		V	V	V	4
108	Ignatius Beans Memorial 学校	示范学校	重塑学校联盟	V		V	V	V	4
109	Kotlik 学校	示范学校	重塑学校联盟	V		V	V	V	4
110	Marshall 学校	示范学校	重塑学校联盟	V		V	V	V	4
111	Pilot Station	示范学校	重塑学校联盟	V		V	V	V	4
112	Pitka's Point 学校	示范学校	重塑学校联盟	V		V	V	V	4
113	Russian Mission 学校	示范学校	重塑学校联盟	V		V	V	V	4
114	Scammon Bay 学校	示范学校	重塑学校联盟	V		V	V	V	4
115	Sheldon Point 学校	示范学校	重塑学校联盟	V		V	V	V	4
116	Barack Obama 特许学校	单个学校	重塑学校联盟	V	V		V	V	4
117	Ingenium 特许学校	单个学校	重塑学校联盟	V	V		V	V	4
118	Atwood 小学	学区	RUS 18 Messalonskee	V	V	V	V		4
119	Belgrade 中心小学	学区	RUS 18 Messalonskee	V	V	V	V		4
120	China 初级中学	学区	RUS 18 Messalonskee	V	V	V	V		4
121	China 小学	学区	RUS 18 Messalonskee	V	V	V	V		4
122	James H. Bean 小学	学区	RUS 18 Messalonskee	V	V	V	V		4
123	Messalonskee 高级中学	学区	RUS 18 Messalonskee	V	V	V	V		4

124	Messalonskee 初级中学	学区	RUS 18 Messalonskee	V	V	V	V		4
125	Williams 小学	学区	RUS 18 Messalonskee	V	V	V	V		4
126	Dresden 小学	学区	RSU 2 Hallowell	V	V	V	V		4
127	Hall-Dale 小学	学区	RSU 2 Hallowell	V	V	V	V		4
128	Hall-Dale 高级中学	学区	RSU 2 Hallowell	V	V	V	V		4
129	Hall-Dale 初级中学	学区	RSU 2 Hallowell	V	V	V	V		4
130	Henry L. Cottrell 小学	学区	RSU 2 Hallowell	V	V	V	V		4
131	Marcia Buker 小学	学区	RSU 2 Hallowell	V	V	V	V		4
132	Monmouth 中学	学区	RSU 2 Hallowell	V	V	V	V		4
133	Monmouth 初级中学	学区	RSU 2 Hallowell	V	V	V	V		4
134	Richmond 高级中学	学区	RSU 2 Hallowell	V	V	V	V		4
135	Richmond 初级中学	学区	RSU 2 Hallowell	V	V	V	V		4
136	Alfread 小学	学区	RSU 57 Massebesic	V	V	V	V		4
137	Line 小学	学区	RSU 57 Massebesic	V	V	V	V		4
138	Lyman 小学	学区	RSU 57 Massebesic	V	V	V	V		4

139	Massabesic 高级中学	学区	RSU 57 Massebesic	V	V	V	V		4
140	Messabesic 初级中学	学区	RSU 57 Massebesic	V	V	V	V		4
141	Shapleigh Memorial 学校	学区	RSU 57 Massebesic	V	V	V	V		4
142	Waterboro 小学	学区	RSU 57 Massebesic	V	V	V	V		4
143	Forest Hills Consolidated 学校	学区	RSU 57 Massebesic	V	V	V	V		4
144	George Washington 初级中学	单个学校	西弗吉尼亚学区	V	V	V	V		4
145	Monroe County 技术中心	单个学校	西弗吉尼亚学区	V	V	V	V		4

附录 B 假如学校范式变革要花费很长时间将会怎样？

如果现有的教育不进行范式转变，那很有可能会发生什么呢？这个问题很值得我们去思考。首先，国际阅读协会上一届主席莱斯利·莫洛（Lesley Morrow）曾说过，州政府在决定需要建多少牢房的时候会根据学生阅读水平的得分。多么悲哀啊——无论对我们的文化还是经济——因为监禁一个人每年所需的花费远远比教育一个人所需的花费要多得多，并且被监禁人不能参加工作，也没有能力交税，这种"机会成本"需要社区为此付出更高昂的费用，更不用说被谋害的生命及被偷或被毁坏商品的价值。

其次，还会涉及无法在全球经济环境中获得竞争力的劳动力成本。现在世界各地遍布的都是知识劳动。如果美国的工人不能争取到并且能够胜任那些高薪酬、高价值的工作，那么这个国家的生活水平将会普遍降低。再加上如果那些最具有创意最有能力的学生得不到充分发展，那么社会也需要为此付出代价。

再次，大部分人的潜力还远远没有发挥出来，因此还要忍受逐渐降低的生活质量，这也是一种人类成本。信息时代教育范式关注每一位儿童完整、全面的发展，包括营养、健康、生活质量、个性发展和价值观的培养。已经证实了在一个小规模的、充满关爱的环境中关注学生的个性发展和价值观培养，会大大减少吸毒、暴力、监禁的几率。美国是世界上犯罪比例最高的国家之一，如果继续持有这样的比例，那需要多大的代价啊。

继续投资并参与一个已经过时的并且也不能再满足我们的学生和公民需求的教育系统，这样的成本是非常大的。美国正处在变革的十字路口。我们能否转变教育范式来继续维持我们作为世界领袖的地位，或者我们无法调整现在的道路而只能受那些更有潜力成为世界领导者的控制。

附录C 范式转变的工具

以下简单介绍的是来自系统思考的一些概念性工具，这对你可能会很有帮助：

彼得·圣吉的冰山理论

彼得·圣吉的"推论阶梯"概念

彼得·圣吉的十一条系统法则

贝拉·巴纳锡的三种系统观

罗素·艾科夫的"变革的四个方向"

查尔斯·赖格卢特的"混沌理论中的分形"

弗兰克·达菲的"范式变革的三条路径"

圣吉的冰山理论

冰山理论代表了一种系统思考的观点。彼得·圣吉（Peter M. Senge）认为在一个系统中大部分需要变革的地方都隐藏在表面现象背后，靠肉眼是看不见的。你能看到的是那些贯穿在系统中发生的事件。而隐藏在这些事件背后的是其形成的循环模式，这就比较难发现了。例如，许多教师已经注意到了教育中的流行模式，据此中心办公室会推行一个热门的新措施，而那些不太在意的教师就不会很认真地去实施，这样该措施实施起来就没有预期的那样好，于是大家便放弃了进一步的实施。很快就会出现另一个新的流行模式，并且也会有同样的过程。

更深地隐藏在表象背后的是产生那些事件模式的系统结构，因此我们就更难看到了。还有最难看到（并且要去改变）的是系统中人们的心理模式，正因为有了这些心理模式系统才得以维持下去。因此，心理模式体现的是系统中问题的真正核心部分，也是系统转变的关键。

圣吉用"冰山"形象概括出了系统思考中的重要方面：

◇事件是浮出水面的冰山部分，可以用这样的问题来明确，"刚才发生了什么？"

◇模式好比是离水面最近的那一部分"冰山",刚刚好看不见。可以通过这样的问题来明确,"刚刚发生了什么?我们以前遇到过同样或类似的事情吗?"

◇系统结构是接下来的一层"冰山"。可以通过这样的问题来明确,"那些模式形成的原因有哪些?"

◇心理模式是最深的那部分"冰山"。可以通过这样的问题来明确,"要让这样的状况持续下去我们该怎么思考?"(Senge,2000,p.127)

"冰山"理论隐含的意义是范式变革需要进行心理模式的变革,通过心理模式的变革会带来系统结构的变革,这样反过来又会变革事件的模式。

圣吉的"推论阶梯"概念

"推论阶梯"是人错误思维的一种可视性表征。大部分人认为他们的信念都是真相,真相是显而易见的,并且这些信念是根据真实的数据得出的,所选择的数据都是真实的数据。基于已有的信念,人们通过创造有可能是也有可能不是真正的事实来攀登"推论阶梯"(ladder of inference)。

这个阶梯每一层的梯度如下:

◇我采取行动(基于我的信念)

◇我形成信念(关于这个世界)

◇我得出结论

◇我作出假设(基于我添加的意义)

◇我赋予意义(文化的和个人的)

◇我选择数据(从我所观察到的)

现场的是可观察的"数据"和经验(如同视频记录那样可以捕捉到的)。(Senge,2000,p.102)

某人在说话或以某种方式在看或在做手势的时候,另一个人开始通过假设他所想的事是正在发生的而判断它确实是正在发生的。人是基于其心理过滤器来形成假设的。

为了有助于交流,可以通过让思维过程变得可见并可以共享来避免"推论阶梯"。可以这样问:

◇哪些是可观察的数据?

◇对于这些数据我们是否都达成了一致的意见?
◇你能告诉我你是怎么推理的吗?
◇我们怎样从这些数据中得到这些抽象的假设?

只有通过面对他们的假设及通过与他人核对而得出的错误观点,人们才能明白真正在交流什么。在范式变革的过程中帮助参与者发展他们的心理模式,这一点尤其重要。

圣吉的十一条系统法则

圣吉的十一条法则代表了另外一种系统的思考:

1. 今日的问题来自昨日的解答。人们倾向于在解决问题的时候不去理解由解决措施无意间带来的结果,而这导致了新问题的出现并且该问题可能会更难解决。

2. 你愈用力推,系统反弹力量愈大。每次行动都会有反作用。善意的干预"引起了系统的反应,但这反应反过来抵消干预所创造的利益"。[1]

3. 变糟之前先渐好。跟长远的解决措施比起来,人们发现短期的措施会更容易改善目前的状况,但是却不能解决根本性的问题,从长远看来,问题会变得更加严重。

4. 显而易见的解法往往无效。在复杂的系统中很少有简单的解决措施。如果解决的措施很容易,那么问题应该已经解决好了。

5. 对策可能比问题更糟。简单的解决措施带来的问题会比用它解决的问题更多。

6. 欲速则不达。如同龟兔赛跑一样,以最快的速度跑步是最吸引人的。然而,快速完成的东西会导致心理模式发展不充分,而心理模式是成功的重要因素。

7. 因与果在时空上并不紧密相连。这样一来,我们就很难理解我们计划要实施的活动会产生的所有结果,同样我们也很难明白导致今天的问题产生的所有原因。

8. 寻找小而有效的高杠杆解。做出正确的变化会使转型更快更成功,但是一般情况下我们却很难区分出哪些是高杠杆的变化。

9. 鱼和熊掌可以兼得——但是不能一次性全部拥有。系统思考者不会去想

"两者择一"的办法，相反，他们考虑的是"两者兼顾"的办法，通常"两者兼顾"才会取得重要的突破。

10. 整体是不可分割的。通常，人们看不到系统的整体性。只关注部分会导致一系列问题的产生，如还未达到最佳标准的决定、重复的工作、时间和精力的浪费，甚至还会失去追随者。

11. 没有绝对的内外。尽管人们倾向于相互指责，或者指责来自系统外面的压力，但实际上真正的敌人是系统本身。解决的措施就在系统内部。

巴纳锡的三种系统观

巴纳锡（Bela H. Banathy）主张通过这样三个镜头或观点来看待系统：

"鸟瞰"解释了一个系统与其他系统（可以是上位系统也可以是并列系统）之间的外部关系，包括输入—输出关系和复杂的因果动态。有一些系统会被上位系统（超系统）控制得严严实实；其他系统受到的控制相对会宽松一点。一个系统对另一个系统控制得越严实（或者放松其控制），那么这个被控制的系统对超系统带来的变革就越重要，这些变革最终会走向范式的变革。

"静止画面观"说明了组成系统的各个子系统之间的内部关系。它提供了一张该系统的"即时快照"，包括该系统的总体目的和具体目标，所有的子系统是怎么组织在一起的（彼此之间有什么关系），各自有什么功能，在每个子系统中谁是关键的参与者，每个人分别扮演什么角色，以及系统中个人影响的范围、影响子系统行为的政策与其他规则，等等。从子系统之间的一致性可以看出彼此之间相互包容、相互支持的程度。

"动态画面观"解释了两种应用于系统的运动：过程和因果关系。系统接收输入并完成整个过程以产生输出。我们可以勾勒出这些过程以从头至尾描述一遍，范式变革承担起重新设计整个过程的任务使之更有效果也更有效率。系统内的因果关系能作出或削弱任何努力来变革该系统。理解这些由原因导致的结果和这个过程的不同部分是怎样相互影响并影响结果的，也非常重要。

艾科夫的"变革的四个方向"

罗素·艾科夫（Russell L. Ackoff）介绍了人们察觉并回应变革的四种方式：

◇被动反应型
◇不作反应型
◇预先反应型
◇互动反应型

艾科夫同时也描述了每种类型的含义，包括人对待变革的一般态度、对科学技术所起的作用的认识、组织模式和文化、制定计划和问题解决的方法及吸引因子。

表 C.1　艾科夫论变革的四种取向

	被动反应型	不作反应型	预先反应型	互动反应型
基本态度	尽管人们对目前的状态不满意，但是他们不会关注我们想要怎么变。	人们往往相信只要事物足够好了，那就没必要变革。	人们期待变革，时刻准备着变革的到来，并且会寻找变革的机会。	人们相信未来更多的是依赖于"我们在目前和之前所做的而不是依赖于到目前为止所发生的"。
对科学技术角色的认识	人们把科技当成由变革带来不良后果的主要原因。	人们依赖于现有的实践，而不会以科学为指导，并且在采纳新技术的时候会犹豫不决。	人们利用基于科学的方法预测未来，并把技术当成是万能药一样来推广。	人们相信如果我们能有目的地把科技作为一种工具，那么其价值是很明显的。
组织模式和文化	人们依赖于分等级的、科层的并且是自上而下的旧组织形式。	操作模式是科层结构的，统一性要比创新性有价值。	人们想通过追求创新成为开拓者，而不是按统一性的标准成长。	人们通过持续的、有目的的互动以整合所处的系统，能在系统复合体的不同层次上运作。
制订计划及处理问题的方法	人们只建议通过片段零散的改良来解决问题，并且他们相信自己能完成目标。	制订计划的时候集中于从现有的情况进行推断，对待问题的时候只是采用片段零散的改良来解决。	制订计划的时候基于预测如何为未来作准备，并且人们会寻找并拥有最前沿的技术。	人们参与两种主要的操作：设计期望实现的未来和计划怎样去实施。

吸引因子	三个主要的吸引因子：我们能从中获得指导的历史、持续性和传统。	人们相信如果放任问题不管，问题就会自行消失，而那些小心行事的人几乎不会犯错误。	与现代科技的紧密相连为其带来了巨大的吸引力和声望。	人们觉得自己被赋予创造自己未来的权力。

赖格卢特的"混沌理论中的分形"

有一种新的科学能够帮助我们变革如教育系统这样的复杂组织。这种新的科学即复杂科学，这个名称听起来令人生畏。复杂科学包括混沌理论，千万别被这个名称吓跑。在混沌理论中有一个很简单却强有力的概念能帮助我们找出真正为儿童改善教育状况的办法。这个概念就是分形(fractals)。

分形是一些简易的模式，在系统的各种不同层次上循环出现。请注意图 C.1 上你看到的模式——当你从一个宽广的、整体的层次上去看这幅图的时候——是重复的，当你盯着这幅图上某一主要部分的时候，当你看着某一部分中的一部分时该模式也是重复的。

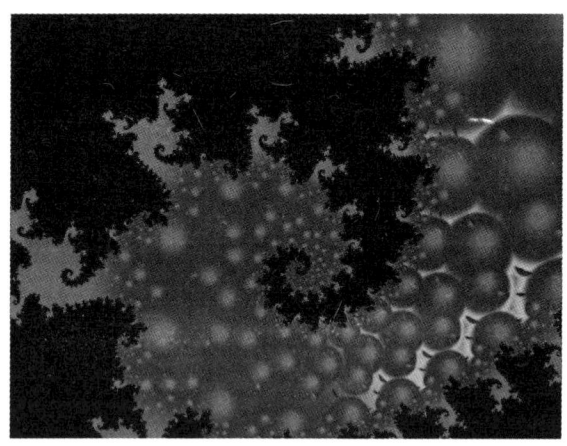

图C.1　分形表现了在不同水平重复的范式

但是这个跟教育系统有什么关系呢？在教育系统中，分形能刻画出系统中不

同层次特征的核心理念和价值观或者信念,包括学区、学校及教室三个层次。下面是几个例子:

自上而下控制

第一个分形的例子是我们目前教育系统中自上而下的控制。在学区的层次上,监管者控制中心办公室的行政人员和学校的校长。在学校的层次上,校长控制教师。在教室的层次上,教师控制学生。相同的模式(自上而下的控制模式)会在系统的所有层次上重复出现。

统一性

分形的另一个例子是统一性或标准化。在学区层次上,所有的小学在一些关键的特征上基本上是一样的,如政策、课程、教法和评估。在学校层次上,在同一个年级上的所有教师应该在同样的时间里用同样的教材教同样的内容。在教室层次上,同一教室里的所有学生基本上应该在同样的时间里用同样的方式学习同样的内容。同样的,相同的模式(统一性)会在系统的所有层次上重复出现。

有许多分形能概括出我们工厂式学校模式的特征,自上而下的控制和统一性是众多分形中的两个实例而已。当我们开始看到其中的一些模式发生变革的时候,只有少数人提出在仍占主导地位的工业时代教育系统下这些变化是不合规律的。

如果我们不能改变那些组成我们教育系统深层结构的分形,那么我们就无法变革现有的范式。

下面是信息时代教育范式所需的一些新的分形:

权力下放

自上而下的控制模式应该由权力下放的模式所代替。权力下放意味着有更多的自由制定决策,并且在决策及其实施的时候能得到支持。

在学区层次上,权力下放意味着学校董事会和监督者把权力下放到每所学校的校长,以让他们试验并采用新的方法来更好地满足学生的需求,以及做其他一些决定如人事雇佣和预算开支。在学校层次上,校长把权力下放到每位教师,以让他们试验并采纳新的教学方式和教学资源来更好地满足学生的需求,以及参与学校政策和决策的制定。在教室层次上,教师把权力下放给每一位学生,以让他们决定如何才能最好地满足自己的信息需求。

定制化

在学区层次上，定制化分形意味着每个学校都有自由以使自己与其他学校不同。在学校层次上，则鼓励每位教师的教学与其他教师不同（不管是教学内容还是教学方法）。在教室层次上，学生可以学习不同的科目并且采用不同的学习方法。

共享决策

在学区层次上，合作分形意味着学校董事会和监督者在制定政策和做出决策的时候会让每个学校及其利益相关者参与。在学校层次上，校长会和家长、教师及职工一起制定有关学校运营的方式及政策。在教室层次上，教师鼓励学生和家长一起参与那些能促进儿童发展的决策和活动。

这些分形即列在表1.1中的特征。它们反映了从工业时代到信息时代的基本转变。但是分形的特征要比组织的特征多得多；分形要求人们改变对教育的看法。当这些看法开始改变，并在利益相关者中占有足够大的比例使之成为文化常模时，他们就能促进教育系统的合理转变，并且也不需要制定相关的计划。

达菲的"范式变革的三条路径"

教育范式变革专家弗兰克·达菲（Frank M. Duffy）明确提出了范式变革的三条路径：系统的运行过程、系统的社会基础结构、系统跟系统环境之间的关系。

运行过程

教育系统中最主要的运行过程是教与学，并且必须从师本中心转向生本中心。学校系统中的其他一些支持性运行过程，包括行政过程如聘用、解雇、工资、会计和采购；食品服务；交通运输；清洗和维修；图书馆服务；专业发展；技术支持及行程安排。我们必须重新设计其中的大部分支持性工作过程以匹配重新设计的主要运行过程。因此，理解某一特定的支持性运行过程是如何影响系统的核心运行过程、其他支持性运行过程和个体的，这对我们来说是有利的。

社会基础结构

社会基础结构包括组织的文化、交流实践、岗位描述、奖励系统等等。这些必须从发号施令和控制监管式的组织转变为参与式的组织。

与系统环境的关系

学校脱离于社区，只对来自社区的压力做出反应，新范式要改变这种关系，让学校系统与社区就有关教育的问题相互合作、积极互动。

这三条路径必须同时进行,并且呈相互依赖的关系。

注释:

1. P. M. Senge, *The Fifth Discipline: The Art and Practice of the Learning Organization*, New York: Doubleday, 1990.

相关阅读文献

Ackoff, R. L. *Creating the Corporate Future*. New York: Wiley, 1981.

Banathy, B. H. *Systems Design of Education: A Journey to Create the Future*. Englewood Cliffs, N. J.: Educational Technology Publications, 1991.

——. *A Systems View of Education: Concepts and Principles for Effective Practice*. Englewood Cliffs, NJ: Educational Technology Publications, 1992.

——. *Designing Social Systems in a Changing World*. New York: Plenum Press, 1996.

Duffy, F. M. *Step-Up-to-Excellence: An Innovative Approach to Managing and Rewarding Performance in School Systems*. Lanham, MD: Scarecrow Education, 2002.

Duffy, F. M., and C. M. Reigeluth. "The School System Transformation (SST) Protocol." *Educational Technology* 48, No. 4 (2008): 41-49.

Hammer, M., and J. Champy. *Reengineering the Corporation: A Manifesto for Business Revolution*. New York: HarperBusiness, 2001.

Senge, P. M. *The Fifth Discipline: The Art and Practice of the Learning Organization*. New York: Doubleday, 1990.

——. *Schools That Learn: A Fifth Discipline Fieldbook for Educators, Parents, and Everyone Who Cares about Education*. New York: Doubleday, 2000.

附录 D 面向教育新范式的教学理论与技术*

[美] 查尔斯 M. 赖格卢特 文   盛群力 译

[摘要] 适应后工业时代教育与培训体制的教学理论应该体现"因人而异"和"生本中心"的性质，依据每一个学习者的学习进步而不是学习年限或者时间多少来对教育与培训效能作出评估。需要讨论的主题涉及了：（1）通用教学方法的特征；（2）情境教学方法的特征；（3）后工业时代教学范式的核心理念；（4）任务型教学的价值及其存在的问题；（5）后工业时代教育与培训体制的教学理论之愿景；（6）教师、学习者和技术等在新范式中各自的作用。

[关键词] 教学理论；教学技术；教育新范式；后工业时代

一、引言

也许每个人都同意的一件事情是：在教育与培训中不同的人有不同的学习速度，也有不同的学习需要。但是，学习教育与培训课程却要求在规定的时间内教给一种预先确定的、固定不变的内容。这样就必然导致了"慢生"忙于跟进，疲惫不堪，学习中累积的错误越来越多。另一方面，"快生"则是为了无聊地等待别人赶上来消磨掉了许多宝贵的时间，这无疑是大把挥霍了社会十分需要的才华。如果有一种教育与培训体制能真正用来最大程度地促进学习，那么就应该做到既不需要慢生疲于奔命追赶别人，也不需要快生无聊等待消磨时光。

现有的教育与培训范式是在工业时代创建的。当时的教育尚不能承担起培育人人成才的重任，而且社会本身也不需要人人成才。因为当时社会劳动的主要方式还是体力劳动，如果达到了人人成才的境界，那么，许多人就再也不会愿意到流水线上工作，去重复完成那些不需要动多少脑筋的任务。所以，工业时代所需

---

* [资料来源] Reigeluth, C. M. (in press, 2012). Instructional theory and technology for the new paradigm of education. *RED, Revista de Educación a Distancia*. Number 32. September 15, 2012. Retrieved at http://www.um.es/ead/red/32. 本文翻译系作者特别推荐并授权。

要的教育体制是将学生分成三六九等作出"筛选"——一部分人参加体力劳动，另一部分人进入管理层或者从事专业工作。那些不太聪明的学生被淘汰了，聪明的学生则被送去深造。这就是现在的学校如此热衷于使用"常模参照评估"而弃用"标准参照评估"的缘由，一切都是为了方便完成筛选的功能。在培训体制中的做法实际上也是如出一辙。我们必须认识到现有的教育与培训体制的主要缺陷不在教师身上，也不在学生身上，在于体制上的落后，这种体制是用来筛选分等而不是教人如何具备真才实学的（可参见 Reigeluth，1987；1994）。

除此之外，我们曾经探讨过后工业时代教育体制的愿景，这种体制是用来最大程度地促进学习（Reigeluth，1987；Reigeluth & Garfinkle，1994）。如果将这种愿景稍作调整也完全可以用在培训体制改革上。本文将讨论适应后工业时代教育与培训体制的教学理论与教学技术，尤其是我们将聚焦于：

（1）依据梅里尔的"首要教学原理"概述什么是"通用教学方法"；

（2）讨论依据特定的"情境"对通用教学方法做出变通的价值，如何解决通用教学方法和情境教学方法两者之间的矛盾；

（3）说明后工业时代教学范式的"核心理念"有哪些；

（4）讨论"任务型教学"的价值和存在的问题；

（5）说明后工业时代教学的愿景以及若干主要的教学策略；

（6）讨论教师、学习者和技术等在新范式中各自起到什么样的作用。

二、通用教学方法

对探讨通用教学方法（universal methods of instruction）作出贡献的是梅里尔，他新近提出了一组处方性教学原理（"首要教学原理"），这些原理能用于各种不同的情境中以提升教学的品质（Merrill，2007，2009），其中主要包括了面向完整任务、激活旧知、示证新知、应用新知和融会贯通等。我们不妨对首要教学原理做如下简要说明。

第一，面向完整任务原理（task-center principle）。这是指教学应该：运用面向完整任务的教学策略；逐渐增加完整任务的综合程度，循序渐进。

第二，示证新知原理（demonstration principle）。这是指教学应该：提供与组成技能的类型（哪一类、如何做和发生了什么）相一致的示证机会；提供与从具体示证到一般概括相一致的指导；让学习者采用同伴讨论和同伴示证的方式积极参与到学习中去；让学习者通过与教学内容相匹配的媒体来观察示证。

第三，应用新知原理（application principle）。这是指教学应该：向学习者提供与组成技能的类型（哪一类、如何做和发生了什么）相一致的应用机会；提供内部反馈或者矫正性反馈；提供辅导，并且这种辅导带有从扶到放的性质，通过逐渐撤除来强化应用；通过同伴协作来积极参与学习。

第四，激活旧知原理（activation principle）。这是指教学应该：通过回忆、描述或者示证相关的旧知识或者旧经验来激活学习者已经拥有的认知结构；让学习者彼此分享旧经验；让学习者回忆或者获得一种能够组织新知识的结构。

第五，融会贯通原理（integration principle）。这是指教学应该：对新知识新技能开展反思、讨论或者辩论，将其融入学习者的认知结构中；鼓励学习者积极开展同伴讨论；让学习者创造、发明或者探索个性化运用新知识新技能的方式；让学习者公开展示所学到的新知识新技能。

以上各项原理可以应用于各种不同的教学情境（即涉及辅助学习的情境），实施每一项原理的具体教学方法可能在不同的情境中是灵活多样的，以此实现优质教学的目的（Reigeluth & Carr-Chellman, 2009a）。例如，针对"教学应该运用面向完整任务的教学策略"来说，完整任务的性质需要考虑不同情境的特点。同样，针对"教学应该提供辅导"来说，辅导的性质也要依据不同情境的性质予以灵活变通。下面我们就来讨论这种灵活变通或者称之为"情境性"（situationalities）的具体要求。

三、情境教学方法

情境教学方法（situational methods of instruction）是与通用教学方法相对而言的。教学原理与方法可以在各种不同的精确水平上作出说明（Reigeluth & Carr-Chellman, 2009b）。例如，在笼统的精确水平上，就像梅里尔所说的教学应该提供辅导。在较高精确水平上，人们可以说："当教一个程序时，如果学习者在完成这个程序时跳过了某个步骤，那么就应该向学习者提问，提示他可能漏掉了哪一个步骤。"当我们提供了较高精确水平的教学原理或者教学方法时，通常会发现在不同的情境中需要灵活对待。赖格卢特将这种影响方法的效果的情境因素称为"情境性"(Reigeluth, 1999a)。

对各种"教学代理"来说(因而也是对教学理论工作者来说)面临的挑战是确定哪一种情境性因素对选择某一种方法来说是至关重要的。更重要的是,不同的方法还可以因其彼此相关和互相依赖予以"成批处置",此时,我们就需要确定究竟哪一种情境性因素对选择某一组方法来说是至关重要的。赖格卢特等人(Reigeluth & Carr-Chellman, 2009a, p.58)提出了体现方法差异的两种主要情境类型。一种是依据不同的教学方式(手段)的情境性,包括了:角色扮演(role play),集思广益(synectics),掌握学习(mastery learning),直导教学(direct instruction),课堂讨论(discussion),冲突解决(conflict resolution),同伴学习(peer learning),体验学习(experiential learning),问题解决学习(problem-based learning)和模拟学习(simulation-based learning)。另一种是依据不同的学习结果(目的)的情境性,包括了:知识(knowledge),理解(comprehension),应用(application),分析(analysis),综合(synthesis),评价(evaluation),情感发展(affective development)和综合学习(integrated learning)。在《教学设计的理论与模式》(第3卷)中的第2编和第3编中,分别论述了上述教学方法的"通用知识库"。本文的余下部分,我们将讨论后工业时代教学范式的整体愿景,先从"核心理念"开始说起,接着讨论一种可能的愿景,最后说说教师、学习者和技术等在新教学方式中所起到的不同作用。

四、后工业时代教学范式的核心理念

以下是若干后工业时代教学范式的核心理念(core ideas)。它们是以后工业时代与工业时代两两对立的方式呈现的,以此凸显各自教学范式的特征。不过要清楚的是这种对立有时候并不一定是真的,后工业时代思维的特征更多的是用"兼而有之"取代了"非此即彼"。

"聚焦学习"与"关注筛选"(learning-focused vs. sorting focused)。这一核心理念在本文一开始就已经讨论过。以下各种核心理念都同其相关。

"生本学习"与"师本教学"(learner-centered vs. teacher-centered instruction)。麦库姆斯等人对生本学习作出了如下界定(McCombs and Whisler, 1997, p.9):在学习中关注每一个学习者,关注其遗传特性、个人经验、人生境界、家庭背景、天赋才能、兴趣爱好、能力特长和具体需要等。有关学习是什么以及学习是如何发生的知识同促进高层次动机、学习和成就水平相一致的教学实践之间要最佳匹配。在我们看来，教学方法要依据每一个学习者的具体情况进行调整，要由学习者而不是由教师来实施。学习者在指导自己的学习中扮演着很重要的作用，包括对自己的学习情况作出反思。

"做中学"与"讲中学"（learning by doing vs. teacher presenting）。学习者的大部分时间应该花费在完成真实的任务中而不是倾听教师的讲授。[1]有时候人们就将这种任务型教学看成是"学生是劳动者"和"教师是管理者"之间的差异（Schlechty，2002）；也有人将这种称为"协力指导"的教师作用取代"讲坛圣贤"的角色；还有些人称其为建构主义教学方式。一句话，底线就是在任务型教学中积极参与、生本学习和自我导向。

"成绩达标"与"年级升迁"（attainment-based vs. time-based progress）。每一个学习者进入新的学习主题或者具备新的能力应依据其是否达到了成绩标准，而不是花费了多少学习时间。在没有达到标准之前不应出现匆忙赶进度的情况，也不应出现一味地等待别人赶上的情况。这样就避免了工业时代教育范式中实际存在的浪费学生大量时间的弊端。这是基于标准实施教育的真正含义。"掌握学习"模式就是实施这一核心理念的早期尝试（Block，1971；Bloom，1968，1981）。

"因人而异"与"标准教学"（customized vs. standardized instruction）。新的教学范式是灵活处置的因人而异而不是千人一面的标准教学。这一目标甚至超越了"成绩达标"的要求。因为"成绩达标"只是在学习步速方面做到了灵活处置，而"因人而异"则要求在教学内容和教学方法方面也应根据学习者的具体情况作出灵活调整。既有面向全体学习者的核心知识、技能和态度等要求，更有大量的时间花费在培养学习者特殊才能、兴趣和优势上。加德纳已经证明了学生在七种智力类型中存在着差异，可以利用学习者最有优势的智力类型作为学习的"切入点"（Howard Gardner，1999）。教学方法也可以按照学习者的特征与偏好作出灵活调整。"个性化的学习计划"[2]和"学习合同制"可以看成是作出这一类灵活调整的具体措施。

"标准参照测验"与"常模参照测验"（criterion-referenced vs. norm-referenced testing）。在新范式中对学习者作出评估有两个主要目的：一是指导学习者学习（形成性评估）；二是证明学习者达标与否（总结性评估）。常模参照评估（总结性评估的另一种方式）将不再有立足之地。形成性评估需要给每一个学习者即时反馈，提供建议或者用其他方式的指导帮助他们改正错误。总结性评估需要证明学习者已经达到了某一个具体的成绩标准。

"协同努力"与"个人单干"（collaborative vs. individual）。人们在劳动场所中往往是采用团队方式开展工作的。完成岗位职责、履行公民义务和享受家庭生活都是离不开协同努力的。因此，学习者需要有在小组中协作共事的经验。带着任务开展团队学习将为学习者提供培养合作技能的绝佳机会，同时也是彼此取长补短的大好时机。社会建构主义极力主张采用这样一种学习方式（Palincsar, 1998; Scardemalia & Bereiter, 1996）。

"愉快学习"与"学而生厌"（enjoyable vs. unpleasant）。在后工业时代，终身学习是每一个公民生活质量和社区健康的基本保障。终身学习来自于学而不厌的激励作用。工业时代的教育范式带来了许许多多弊端，学习者厌恶学习，由此造成了学校中出现诋毁学习和嘲弄优秀学生的怪现象。这种心态与文化同终身学习是格格不入的。尽管终身学习多年来已经成为一个时髦的教育术语，但是工业时代的教育从本质上来说是与其相抵触的。后工业时代将通过培育学习者热爱学习的品质，逐渐改变这一现状。这就要求从外部动机转向内部动机；也要求通过真实的积极参与的学习任务来开展学习，就像在问题学习和项目学习中常见的做法一样。

这些核心理念代表了后工业时代教育与培训体制的基本特征，就像梅里尔的"首要教学原理"提出了各种教学范式都适用的通用教学方法一样。不过，这些核心理念的具体实施也要根据教育与培训体制的实际情况作出灵活变通。下面就是实施这些核心理念的一种可能的愿景。

五、任务型教学及其存在的问题

学习者的参与热情和动机是学习的一个关键问题。不管教师多么尽心尽力，如果学习者本身没有什么积极性，那么，学习就是一句空话。学习的数量和质量直接同学习者所付出的努力大小有关。工业时代的教育与培训体制主要建立在外部动机，采用等级评分、关在自修室学习、延迟放学等做法之上的，最糟糕的做法就是留级或者除名。与此相反，在后工业时代的教育与培训范式中，强调的是内部动机。理由在于：凸显终身学习的价值和培养学而不厌的品质，减少回家作业和减轻学校课业负担，降低外部激励因素的影响等比起 30 年前更为紧迫了。为了增强内部动机，教学方法应该面向学习者而不是面向教师自身。教学方法应该体现做中学、利用与学习者自身的兴趣直接相关的任务（通常意味着这些任务必须是"真实"的）并且提供协同努力的机会。这样看来，就后工业时代的教育与培训范式而言，将"任务型教学"作为一种基本的教学理论是十分恰当的。[3] 进一步说，当学习者的进步是基于学有所获而不是消磨时光时，那么，就不会再出现千人一面的窘境，就会呈现不同的学习速度和不同的学习内容。鉴于其生本取向，因此也是适合采用任务型教学的。

很显然，在新的教育与培训体制中应该显著加强任务型教学。不过，目前这种教学方法本身还存在一些不足。依据我自身的经验，大体上会遇到四种问题。

第一，绝大部分任务型教学都是采用了协同努力或者团队合作的方式，一般的做法是依据最终的产品/结果对整个团队进行评估。这就使得要评估同时也要确保团队中的每一个人都学到了他们本来想学的东西就有点困难。我已经发现团队活动往往促成了"合作共事"而不是"协力同心"（work cooperatively rather than collaboratively）的效果，也就是说他们彼此是在完成不同的任务，所以学到的东西也是不完全一样的。在我看来，很少有学生学到的东西都是他们本来想学的。如果某一个教育体制是聚焦学习的，那么就要评估和确保每一个人都学有所得。但是这一点目前在任务型教学中难以做到完美。也许在高等教育中尚好一些，问题还不是很普遍，但是在基础教育中确实是一个大问题，因为学习上造成的差距使得后续学习难以为继和令人沮丧。

第二，通过任务型教学所掌握的知识技能通常是让学习者在更加广泛的情境中得以迁移的，尤其是针对复杂的认知任务来说更是如此。不过，在任务型教学中，学习者只是在完成项目时用到一两次技能而已，实际上很难做到学以致用，实现广泛的迁移。许多技能只有通过反复操练才能做到娴熟于心，达到精益求精的地步，可惜任务型教学难以达到这种境界。

第三，有些技能需要达到自动化的程度以便能够达到不假思索、信手拈来的境界，这样才能腾出精力用于完成任务时高层次思维所需要的认知加工。任务型教学在这一点上难以令人满意。

第四，在任务型教学中也会浪费一些时间——检索信息、案头作业、重复做一些本来已经学会的事情，没有教师指导下自己盲目尝试等等。不仅是在公司培训中，同时也在正规学校教育中，用最少的时间达到最大的学习效果，这是一条重要的原则，但是，一般来说任务型教学在投入效能比上总是不够理想。

鉴于以上四种存在的问题——掌握问题、迁移问题、熟练问题和效能问题，我们究竟是应该放弃"任务型教学"转向"直导教学"呢（就像基尔希纳等人2006年所极力呼吁的，Kirschner, Sweller, & Clark, 2006），还是应该继续坚守？这里不妨引用一句著名的广告语"车到山前必有路"，为什么呢？这就是我们下面要讨论的后工业时代教学的愿景。

六、后工业时代教学的愿景

1. 任务空间与教学空间

请想象一组学生在基于计算机模拟情境下解决一项真实的任务（即"任务空间"），很快他们就遇到了一个学习障碍（知识技能、理解程度、价值偏好、态度差异和任务分配等方面），需要解决这些障碍才能接着完成任务。请想象一下学生遇到这样的学习障碍时需要有一位虚拟的导师来即时提供个性化辅导（即"教学空间"）。研究表明：掌握一项技能离不开教学促进，包括了"讲解"（tell）如何做，"展示"（show）在多种不同情境中如何做，提供操练（practice）的机会并及时予以反馈，同样还要在多种不同的情境中进行操练（Merrill, 1983; Merrill, Reigeluth, & Faust, 1979），以便学习者能够学会概括或者迁移到现实生活里将遇到的各种不同的情境中。每一个学生都要持续不断地操练直到达到技能掌握的标准为止，就像"可汗学院"的许多做法一样（www.khanacademy.org）。达到了标准之后，学生再回到任务空间，此时时间好像是被解冻了，将已经掌握的知识技能用于任务之中，不断地质疑问难直到遇到下一个学习障碍，这样一个行动——学习——行动循环圈（doing-learning-doing cycle）重复进行着。

各种经过实践检验的教学理论一直都在致力于开发，为设计任务空间和教学空间提供指导（如可参见 Reigeluth, 1999b; Reigeluth & Carr-Chellman, 2009c）。这样做，我们就超越了工业时代所固有的非此即彼的思维习惯，走向了兼而有之的思维，能够更好地适应后工业时代本身所具有的复杂性——利用了行为主义、认知主义和建构主义理论与模式的各种优点。这样的理论既足够重视各种具体能力，同时也避免了以往各种掌握学习模式中将知识技能肢解割裂的弊端。

2. 团队评估与个体评估

任务型教学的一个问题是对学习者的掌握情况通常按照团队"产品"的质量进行评估，以至于教师很难对个体的能力作出判断。同时，对每个学习者是不是有能力将学到的东西迁移到新的情境中也心里没底。团队评估当然是重要的，但是个体评估也不可或缺。"教学空间"为满足这样的需求提供了极好的机会。同"任务空间"一样，教学空间也是"学业表现定向的"。持续不断地提供练习的机会（主要是由计算机模拟提供，用于即时的个性化反馈和强调可靠性）直到达到标准所要求的连续正确程度为止。针对不正确的学业表现，要即时提供形成性评估，通常是采用促成深层次认知加工与理解的"建议"（hints）方式。如果一项技能要达到十分熟练的程度（Anderson，1996），那么学业表现的速度要求也应该被考虑在内。这样做，可以将学习者的评估完全融入到教学中，不需要浪费时间再单独来做评估。更重要的是，评估本身确保了都能达到运用能力所需要的各种情境要求。当某一种学业表现不能采用计算机辅助的方式作出评估时（例如跳芭蕾舞），那就可以请一位专业人员运用量规来做手工评估，观察后来填写量规。必要时可以提供形成性评估方式，允许学习者有反复迂回的现象，这些评估的信息自动提交给计算机后，将学习者的记录储存起来便于查询。

3. 面向任务空间的教学理论

设计任务空间已经有许多经过检验的做法，包括"通用教学原理"和"情境教学原理"（如可参见 Barrows，1986；Barrows & Tamblyn，1980；Duffy & Raymer，2010；Jonassen，1997，1999；Savery，2009）。其中涉及如何选择恰当的任务难度，如何形成学习团队，如何自主开展学习，教师如何定位自己的角色，如何撰写学习任务汇报等等。基于计算机模拟的学习通常对创建与支持这样的任务环境来说是非常有效的。不过，也可以由现实世界中的地点、对象和人组成一个任务空间（现场学习），或者也可以虚实结合。"STAR 财富"（STAR LEGACY，Schwartz，Lin，Brophy，& Bransford，1999）就是面向任务空间的计算机模拟学习的样例。

4. 面向教学空间的教学理论

在教学空间中选择教学策略的主要依据是学习结果的类型（参见 Reigeluth &

Carr-Chellman, 2009c, 第 3 编）。如果学习的结果是"记忆知识"(memorization)，那么开展操练就是无可厚非的（alisbury, 1990），包括知识编组、重复提示和记忆技巧等。如果学习的结果是"应用技能"(application)，那么，包括了概括、举例、操练和即时反馈等各种做法都是极为有效的（Merrill, 1983; Romiszowski, 2009）。如果学习的结果是"理解概念"(conceptual understanding)，那么，将新概念与学习者认知结构中原有的概念联系起来，就需要运用以下一些教学方法，如：类比、上下文背景（先行组织者）、比较与对照、分析部分与种类等等（Reigeluth, 1983）。如果学习结果是"掌握理论"(theoretical understanding)，那么，最好是通过探究原因（解释）、结果（预测）和解决方案（解决问题）来掌握因果关系；用描述在一个自然过程中事件发生的序列来通晓自然过程（Reigeluth & Schwartz, 1989）。这些教学策略的效果、效率和魅力都已经得到了较充分的验证，通常最好用计算机辅助、模拟和游戏等方式予以实施。还有再次要强调的是，这只是后工业时代教学范式的一种愿景（vision）。读者完全可以尝试增加其他符合后工业时代需要的愿景，其中主要涉及内部动机、因人而异、成绩达标、协同努力和自主调节等。这样，就需要考虑在新教学范式中教师、学习者和技术的角色可能会发生的变化。

七、后工业时代教学范式中的各种角色变化

1. 教师的新角色

新范式中教师的角色有了重大的改变，从"讲坛圣贤"转向"协力指导"。作为指导教师有三种主要的角色。一是教师作为"学生活动的设计者"(Schlechty, 2002)。学生的活动包括了在任务空间和教学空间所做的事情。二是教师作为"学习过程的促进者"。包括制定个性化学习计划，必要时提供学习辅导和扶放帮助，促进讨论和反思，安排各种合用的人力资源和学习资源。最后也许最重要的是教师在基础教育部门担任好"成长导师"的职责，关心学生充分而又全面发展。教师作为设计者、促进者和成长导师是教师新角色中三个最重要的职责，但并不是所有的教师都要完成全部的职责。不同类型、不同培训水准与专长的教师在具体职责上有所侧重，甚至学生自己都可以承担教师的角色。

2. 学生的新角色

首先，学习是一个主动的过程，必须全身心投入。教师不可能代替学生学

习。这就是为什么谢尔艾克泰在描述新范式时说学生是一名劳动者，而教师只是一名学生劳动的设计者（Schlechty，2002）。第二，学生要为终身学习做好准备。教师要帮助每一个学生成为一名自主定向和自主激励的学习者。学习者从出生开始到进入小学第一年本来就是一个自我激励者，但是工业时代的范式一步一步地毁灭了这种自我激励精神，不让学生有一点自我定向的余地，学习的内容单调乏味，同个人的生活无甚关系。与此相反的是，后工业时代教育与培训体制鼓励自我定向并主动学习与个人生活关系密切同时也能引起自己兴趣的学习任务，以此培育自我激励精神。学生的动机是解放教育生产力和帮助学生实现自己的潜能的关键，它也自然会减少纪律问题和其他各种不良恶习。第三，人们经常说学会什么事情的最好途径是"教"别人，所以学生也许是学校教育中最没有被充分利用的资源。更何况，有些人刚刚学会了什么，即学即教，即学即传，也许比起老师将十年八年学到的东西再拿出来教更为有效。除了年龄大一些的学生可以做小老师之外，年龄相仿的同伴也可以通过协同努力的项目学习互相取长补短。因此，学生的新角色包括了作为一名劳动者、自我定向者和小先生。

3. 技术的新角色

我认为目前技术的新角色主要有四种，能够使得教学的新范式既便利又有效益（Reigeluth & Carr-Chellman，2009c；Reigeluth et al.，2008）。下面主要是从基础教育部门这一视角来讨论的，但是实际上对高等教育部门和企事业培训部门以及其他教育与培训机构来说也是适用的。

一是记录学习进步。"成绩达标"这一核心理念要求对每一个学生都作好个人达标记录。利用新技术可以帮助教师节省大量的时间。此时，技术代替了现在流行的成绩报告单，它改用三个部分来加以呈现。首先，它有一个"标准清单"，其中包含规定的教育标准（国家，州和地方）和可选的教育标准供老师、学生和家长作出取舍。这些标准再被分解为个人达标要求，并且以"学习领域地图"的方式呈现出来，就像"可汗学院"的做法一样。"学习领域地图"对设计这种技术工具来说是高度操作性的，它表明了一组应该达到或者能够掌握的学习要求，同时还列有具体的标准要求或者证明条件（Bunderson，Wiley，& McBride，2009）。第二个内容是"个人达标清单"，它记录着每一个学生已经掌握了哪些具体知识技能。从本质上讲，它具体展示了学生在标准清单中所列的（也许有些还尚未列出）每一项达标要求的进步状况。它不仅表明了每一项标准达到的时间，具体要求是什么，后续达标要求又是什么等，并且给出每个达标证据链接（汇总数据和/或原始作品的形式）。第三，还配有一份"个性特点清单"，追踪影响学生学习的个性特质，如学习风格、多元智能分布、特殊需求、学习兴趣与目标、重大生活事件等（Reigeluth & Carr-Chellman, 2009c; Reigeluth et al., 2008）。

二是规划学习蓝图。对教师来说，给所有学生制定个性化学习计划或合同这是非常困难的。在这里，技术再一次发挥了其作用。技术可以帮助学生、家长和教师：(1) 确定长期目标；(2) 查明学生目前已经达标的各方面具体情况；(3) 综合考虑学业要求、长期目标、学习兴趣和机遇等因素，从中选择他们现在希望努力加以追求的东西（短期目标）；(4) 确定或者创设达成短期目标的各项学习方案（或其他手段）；(5) 确定其他有兴趣参与该学习方案的学生（如果在学习上需要协同努力的话）并且规定团队成员各自的角色；(6) 明确教师、家长以及其他可能支持学生学习该方案的人各自起着什么样的作用；(7) 制定一份合同，明确学习目标、学习方案、学习团队、学生的角色与职责、家长和教师的作用、评估方式以及每个学习方案的时限（Reigeluth et al., 2008）。

三是提供学习指导。如果教师必须像工业时代范式中的那样亲力而为，试图"指导" 25 位学生按照各自的速度用不同的方式学习不同的东西，那么这在任何时候都是非常困难的。然而，技术可以为学生个人（或小组）导入学习项目，提供支持项目学习的教学工具（如模拟，个别辅导，操练，研究工具，沟通工具和学习对象），提供监测和支持学生进步的工具，甚至帮助教师和其他人开发新的学习项目和教学工具。技术可以在任何时候任何地方都发挥上述功能，教学理论对指导设计这些工具来说是至关重要的（Reigeluth et al., 2008）。

四是评估学习效果。实施形成性和总结性评价可能是教师的又一个难题，因为学生并不总在同一时间接受相同的测验。此时技术可以再次大显身手。首先，在日常教学之中融入评估。各种丰富多彩的学业表现机会同样可以用于形成性评估及总结性评估。第二，在学生展示所学知识和理解程度时，面对的是真实的学习任务。第三，无论是在模拟、辅导还是在操练中，均要求评价学生每一次的表现是否达到了标准，并立即给学生提供形成性反馈。当 X 表现达到的成功标准超过了过去的 Y 表现时，就采用总结性评估，相应的成绩记录在学生个人成绩清单中。只有在少数情况下，当无法采用新技术进行评估时，请一位观察员用带评价量规的手持式设备来开展评估，对学生的表现提供个人即时反馈。手持式设备提供的信息上传到计算机系统后，也将被记录在学生的个人成绩清单里。最后，技术为帮助教师开发评价手段提供了便利，并且与课程标准或者学习要求相关联(Reigeluth et al.，200)。教学评价理论对于技术在这方面可实现的潜在贡献有至关重要的作用。

值得注意的是，技术的这四项角色天衣无缝地形成相互联系（Reigeluth & Carr-Chellman，2009c）：记录保存工具自动为规划工具提供信息，规划工具确定了可用的教学工具，评估工具融入了教学工具，评估工具自动给记录保存工具提供信息（Reigeluth et al.，2008；Watson, Lee, & Reigeluth, 2007）。与这种综合性、个性化并且一体化的工具最接近的说法是我们原来所称的"学习管理系统"，不过这个术语经常被用于描述"师本教学"。因此，为了避免产生混乱，我们现在将其改称为"个性化综合教育系统"（PIES, Personalized Integrated Educational System)。

当然，这样一个学习管理系统还有很多其他的功能（Reigeluth et al.，2008），如通信（电子邮件、博客、网站、讨论版、维基百科、白板、即时通讯、播客和视频等）、"个性化综合教育系统"管理（依据角色和信息类型来提供信息准入通道和授权）、学生与教师的常用信息（学生地址、资质和奖赏、居住地、指定的学生、授权的工具、学业表现评估、教师专业发展计划与记录、教学工具收藏库以及学生接受的奖励等信息）等。可以看出，技术在转变教学方式使之更好地满足后工业时代教育范式方面是不可或缺的。它能使学生的学习得到重大的改进，学生付出的成本会大大降低。"个性化综合教育系统"将使教师的工作更快、更容易、花费更低和更加愉快。但是，要让技术实现其潜在的贡献，则必须依靠教学理论。

八、小结

在后工业时代，我们需要转变绝大部分教育与培训体制，从用来为学生分类筛选服务的体制走向最大程度地促进学习，从学生的进步是依靠消磨时光走向学习达标。这种转变有赖于教学理论和教学技术的进步。

梅里尔的"首要教学原理"(面向完整任务、激活旧知、示证新知、应用新知和融会贯通）总结了绝大多数优质教学的重要特征，提供了一个出色的样例。当然，它还是比较笼统的，要想对教学提供更加具体细致的指导则有赖于考虑"情境化"特征，因为正是其带来了教学在不同情境中各具特色的差异。迄今为止的研究表明教学的情境化要求主要体现在手段差异（不同的教学方式）和目的差异（不同的学习结果或者学习类型）。

除此之外，对教学新范式有一个整体愿景也会获益多多。代表性的核心理念有"聚焦学习"、"生本学习"、"做中学"、"成绩达标"、"因人而异"、"标准参照测验"、"协同努力"和"愉快学习"等。实施这些核心理念的教学愿景涉及任务空间和教学空间、团队评估与个体评估、任务空间的教学策略和教学空间的教学策略等。教学新范式中教师、学生和技术等角色都将发生变化。教师的新角色是设计学生活动、促进学习过程和担负成长导师的职责；学生的新角色是劳动自我定向者和小先生；技术的新角色则包括了记录学习进步、规划学习蓝图、提供学习指导和评估学习效果。

虽然各种教学理论已经为形成新教学范式提供了指导，但还是留下了许多悬而未决的空白。我们需要了解如何能够回答学习中的情绪问题（Greenspan, 1997），培育学习者情绪和社会交往能力，促进他们形成积极的价值观、道德与伦理精神面貌。让我们大家共同努力，完善这方面的知识，以便极大地提升自身水平，从而帮助每一个学习者发展其潜能。

注释：

1. "真实任务"（authentic tasks）是指问题学习、项目学习、主题学习、案例学习和设问学习（problem-based, project-based, issue-based, case-based, and question-based learning）中的任务类型，这些都是属于表现型学习或者做中学（performance-based learning or learning by doing）。

2. "个性化学习计划"（personal learning plans）与主要用于特殊教育的"个别化教育计划"（individualized education plans or individualized education programs）不是同一回事。

3. 采用任务型教学（task-based instruction, TBI）而不是"任务型学习"（task-based learning），是因为后者是学习者自身做的事情，教师或者教学系统要做的事情只是支持学习而已。同时，这里使用的"任务型教学"一说是较广义的，包括了项目学习、问题学习、主题学习、案例学习和设问/探究学习等。

参考文献：

Anderson, J. R. (1996). *The architecture of cognition*. Mahwah, NJ: Lawrence Erlbaum Associates.

Barrows, H. S. (1986). A taxonomy of problem-based learning methods. *Medical Education*, 20(6), 481-486. doi:10.1111/j.1365-2923.1986.tb01386.x.

Barrows, H. S., & Tamblyn, R. M. (1980). *Problem-based learning: An approach to medical education*. New York: Springer.

Block, J. H. (1971). *Mastery learning: Theory and practice*. New York: Holt, Rinehart and Winston, Inc.

Bloom, B. S. (1968). Learning for mastery. *Evaluation Comment*, 1(1), 1-12.

Bloom, B. S. (1981). *All our children learning*. New York: McGraw-Hill.

Bunderson, C. V., Wiley, D. A., & McBride, R. (2009). Domain Theory for instruction: Mapping attainments to enable learner-centered education. In C. M. Reigeluth & A. A. Carr-Chellman (Eds.), *Instructional-design theories and models: Building a common knowledge base* (Vol. III, pp. 327-347). New York: Routledge.

Duffy, T. M., & Raymer, P. L. (2010). A practical guide and a constructivist rationale for inquiry based learning. *Educational Technology*, 50(4), 3-15.

Gardner, H. E. (1999). Multiple approaches to understanding. In C. M. Reigeluth (Ed.), *Instructional-design theories and models, vol. II: A new paradigm of instructional theory* (pp. 69-89). Mahwah, NJ: Lawrence Erlbaum Associates.

Greenspan, S. I. (1997). *The growth of the mind and the endangered origins of intelligence*. Reading, MA: Addison-Wesley Publishing Company.

Jonassen, D. H. (1997). Instructional design models for well-structured and illstructured problem-solving learning outcomes. *Educational Technology Research and Development*, 45(1), 65-94.

Jonassen, D. H. (1999). Designing constructivist learning environments. In C. Reigeluth (Ed.), *Instructional-Design Theories and Models* (pp. 215-239). Mahwah, New Jersey: Lawrence Erlbaum.

Kirschner, P. A., Sweller, J., & Clark, R. E. (2006). Why minimal guidance during instruction does not work: An analysis of the failure of constructivist, discovery, problem-based, experiential, and inquiry-based teaching. *Educational Psychologist*, 41(2), 75-86.

McCombs, B., & Whisler, J. S. (1997). *The learner-centered classroom and school: Strategies for increasing student motivation and achievement*. San Francisco: Jossey-Bass Publishers.

Merrill, M. D. (1983). Component display theory. In C. M. Reigeluth (Ed.), *Instructional design theories and models: An overview of their current status*. Hillsdale, NJ: Lawrence Erlbaum Associates.

Merrill, M. D. (2007). First principles of instruction: A synthesis. In R. A. Reiser & J. V. Dempsey (Eds.), *Trends and issues in instructional design and technology* (2nd ed., pp. 62-71). Upper Saddle River, NJ: Merrill/Prentice-Hall.

Merrill, M. D. (2009). First principles of instruction. In C. M. Reigeluth & A. A. Carr-Chellman (Eds.), *Instructional-design theories and models: Building a common knowledge base* (Vol. III, pp. 41-56). New York: Routledge.

Merrill, M. D., Reigeluth, C. M., & Faust, G. W. (1979). The Instructional Quality Profile: A curriculum evaluation and design tool. In H. F. O'Neil, Jr. (Ed.), *Procedures for Instructional Systems Development*. New York: Academic Press.

Palincsar, A. S. (1998). Social constructivist perspectives on teaching and learning. *Annual Review of Psychology*, 49, 345-375.

Reigeluth, C. M. (1983). Meaningfulness and Instruction: Relating What Is Being Learned to What a Student Knows. *Instructional Science*, v12 n3 p197-218 Oct 1983, 12(3).

Reigeluth, C. M. (1987). The search for meaningful reform: A third-wave educational system. *Journal of Instructional Development*, 10(4), 3-14.

Reigeluth, C. M. (1994). The imperative for systemic change. In C. M. Reigeluth & R. J. Garfinkle (Eds.), *Systemic change in education* (pp. 3-11). Englewood Cliffs, NJ: Educational Technology Publications.

Reigeluth, C. M. (1999a). What is instructional-design theory and how is it changing? In C. M. Reigeluth (Ed.), *Instructional-design theories and models: A new paradigm of instructional theory* (Vol. II, pp. 5-29). Mahwah, NJ: Lawrence Erlbaum Associates.

Reigeluth, C. M. (2009). Instructional theory for education in the information age. In C. M. Reigeluth & A. A. Carr-Chellman (Eds.), *Instructional-design theories and models:*

Building a common knowledge base (Vol. III, pp. 387-399). New York: Routledge.

Reigeluth, C. M. (2011). An instructional theory for the post-industrial age. *Educational Technology*, 51(5), 25-29.

Reigeluth, C. M. (2012). Instructional theory and technology for a post-industrial world. In R. A. Reiser & J. V. Dempsey (Eds.), *Trends and issues in instructional design and technology* (3rd ed., pp. 75-83). Boston: Pearson Education.

Reigeluth, C. M. (Ed.). (1999b). *Instructional-design theories and models: A new paradigm of instructional theory* (Vol. II). Mahwah, N. J.: Lawrence Erlbaum Associates.

Reigeluth, C. M., & Carr-Chellman, A. A. (2009a). Situational principles of instruction. In C. M. Reigeluth & A. A. Carr-Chellman (Eds.), *Instructional-design theories and models: Building a common knowledge base* (Vol. III, pp. 57-68). New York: Routledge.

Reigeluth, C. M., & Carr-Chellman, A. A. (2009b). Understanding instructional theory. In C. M. Reigeluth & A. A. Carr-Chellman (Eds.), *Instructional design theories and models: Building a common knowledge base* (Vol. III, pp. 3-26). New York: Routledge.

Reigeluth, C. M., & Carr-Chellman, A. A. (Eds.). (2009c). *Instructional-design theories and models: Building a common knowledge base* (Vol. III). New York: Routledge.

Reigeluth, C. M., & Garfinkle, R. J. (1994). Envisioning a new system of education. In C. M. Reigeluth & R. J. Garfinkle (Eds.), *Systemic Change in Education* (pp. 59-70). Englewood Cliffs, NJ: Educational Technology Publications.

Reigeluth, C. M., & Schwartz, E. (1989). An instructional theory for the design of computer-based simulations. *Journal of Computer-Based Instruction*, 16(1), 1-10.

Reigeluth, C. M., Watson, S. L., Watson, W. R., Dutta, P., Chen, Z., & Powell, N. (2008). Roles for technology in the information-age paradigm of education: Learning management systems. *Educational Technology*, 48(6), 32-39.

Romiszowski, A. (2009). Fostering skill development outcomes. In C. M. Reigeluth & A. A. Carr-Chellman (Eds.), *Instructional-design theories and models: Building a common knowledge base* (Vol. III, pp. 199-224). New York: Routledge.

Salisbury, D. F. (1990). Cognitive psychology and Its implications for designing drill and practice programs for computers. *Journal of Computer-Based Instruction*, 17(1), 23-30.

Savery, J. R. (2009). Problem-based approach to instruction. In C. M. Reigeluth & A. A. Carr-Chellman (Eds.), *Instructional-design theories and models: Building a common*

knowledge base (Vol. III, pp. 143-165). New York: Routledge.
Scardemalia, M., & Bereiter, C. (1996). Computer support for knowledge-building communities. In T. Koschmann (Ed.), *CSCL: Theory and practice of an emerging paradigm* (pp. 249-268). Mahwah, NJ: Lawrence Erlbaum Assoc.
Schlechty, P. (2002). *Working on the work*. New York: John Wiley & Sons.
Schwartz, D. L., Lin, X., Brophy, S., & Bransford, J. D. (1999). Toward the development of flexibly adaptive instructional designs. In C. M. Reigeluth (Ed.), *Instructional design theories and models: A new paradigm of instructional theory* (Vol. II, pp. 183-213). Mahwah, NJ: Lawrence Erlbaum.
Watson, W. R., Lee, S. K., & Reigeluth, C. M. (2007). Learning management systems: An overview and roadmap of the systemic application of computers to education. In F. M. Neto & F. V. Brasileiro (Eds.), *Advances in Computer-Supported Learning* (pp. 66-96). Hershey, PA: Information Science Publishing.

[编译评论]

　　大概从20世纪90年代初开始，赖格卢特教授开始关注后工业时代（有时候称为"信息社会"，有时候称为"知识社会"等）的基本特征对教育发展与改革的影响。本文是这些研究的延续和深化。尤其要指出的是，在2005年左右，赖格卢特教授又同著名建构主义教学设计专家达非（Francis M. Duffy）联手开展学校系统整体改革的试验，分别称之为"迈向卓越之旅"（Journey Toward Excellence, http://www.indiana.edu/~syschang/decatur/index.html）和"稳步取胜之道"（Step-Up-To-Excellence[SM], http://www.thefmduffygroup.com/），统称为"学校系统变革草案"（The Duffy-Reigeluth School System Transformation Protocol），以期成为"教育传播与技术未来变革创意"（AECT Future Minds Initiative）的一个部分。这也从一个侧面表明本文提出的一些观点是有其实践依据和真实感悟的。

　　本文再次肯定了赖格卢特最近10余年以来一直试图对工业社会和后工业社会教育的最基本特征所作出的概括，前者是"时间固定，结果不定"，即读完了多少学时、学日和学年就可以毕业，不管你是否在混日子或者受煎熬；后者则是"时间可变，结果稳定"，就是说要致力于以灵活多样的学习时间和年限达到相对稳定可靠的学习结果。

赖格卢特曾经在2009年出版的《教学设计的理论与模式》（第3卷）中对信息时代教学理论的若干特征作出了概括，提炼了新教育范式的"四项基本原理"——个性化与多样性、主动性与自导性、协作性与情感性、整体性与一体化。在本文中，赖格卢特首先区分了"通用教学方法"和"情境教学方法"之间的含义与关系，在这个基础上，概括了后工业社会教育的八个核心理念——聚焦学习、生本学习、做中学、成绩达标、因人而异、标准参照测验、协同努力和愉快学习等。这些核心理念是值得我们细细体味并且同教育改革的实践加以对照验证的。

赖格卢特在本文中特别强调了反映上述核心理念的一种可能的教学愿景（设想）是"任务型教学"，这种广义的"任务型教学"在教学目标、教学内容、学习方式、评价方式、学习时空特点等方面同传统教学分道扬镳，一直以来受到了推崇和青睐。但是其本身也有一定的缺陷，例如掌握问题、迁移问题、熟练问题和效能问题等。这里，不仅有新教学技术的应用问题，更有新教学理论的探索问题。实际上，面向完整任务，探索意义学习，学会解决问题和实现学习迁移，这恐怕是新教学范式的基本取向，但是具体如何能够落到实处，则要经过长期的不断努力和持续探索。

赖格卢特在本文中表达了一个从实践中得出的启示，这就是"要想让技术实现其潜在的贡献，绝对必须依靠教学理论"，正像本文的标题是"面向新教育范式的教学理论与技术"一样，教学理论与教学技术（还有隐含在两者之间的"学习科学"）如何做到相得益彰、互为基础呢？这不由使人想起最新出版的《下一代远程教育》（Leslie Moller & Jason B. Huett：The Next Generation of Distance Education：Unconstrained Learning，Springer，2012）一书中所指出的：第一代远程教育以函授课程为特征，第二代远程教育以互联网课程、讨论和聊天室为特征，第三代远程教育则将以"技术适配的学习环境"（technology-enabled learning environments）为特征。它们将呈现10大趋势，其中包括了建立在坚实的教学策略基础上，从仅仅作为传递系统扩展为能使动态的人际互动实际发生的环境促进因素，运用鼓励学习者之间的社会交往联系和师生之间的社会交往联系的精细策略，开展高水平认知加工，聚焦学习过程，注重动机设计和迈向"学习体验设计"范式，从"合作共事"转向"协力同心"等。更有甚者，现时最活跃的著名教育技术专家斯佩克特（J. Michael Spector）在该书中竟然用了这样的章节标题来表达自己的观点："远程学习技术的未来无关技术也无关距离"！

　　赖格卢特在本文中特别提到了"可汗学院"，认为新教学范式同可汗学院的做法非常一致，这是值得体味的。人们往往将可汗学院看成是"反转课堂"的一种标志，其实这种"反转"不仅仅表现为"晚上在家自学，白天在校讨论与分享"。实际上未来的教育完全可以将学习分为两个阶段——"利用技术的自学阶段"和"利用技术的讨论与分享阶段"，两者都可以发生在"白天"，发生在"学校"（课堂）。这也许更是新范式从"讲中学"走向"做中学"的一个合理注解。可汗学院无疑在运用新技术、师生关系、学习动机、学习步速的自我调节、学习内容选择和学习评价方式调整等方面都给人以面目一新的感觉，为教学的新范式开辟了一种愿景，足以引起我们深入关注与思考。另外，我们也应注意到赖格卢特提到的"STAR 财富"教学模式，这是一种体现了建构主义锚桩教学或者认知学徒等特征的"任务型教学"，比较注重定向、反思、探究、协作与分享等学习环节。

附录 E 面向时代需求,实现范式转变
——赖格卢特论信息时代视角下的教学理论演进

盛群力 余诗诗 许凯

[摘要] 教学是帮助学习者构建内化知识的各种行为。信息时代所出现的变革呼唤着教学新范式。教学新范式既保留了已经被实践证明了的行之有效的"基本教学方法"(讲解、示证和练习),同时也鼓励采用"变通教学方法"(问题教学、项目学习、模拟学习、辅导学习、认知学徒等)。信息时代的教学理论遵循着四项基本原理,那就是个性化与多样性,主动性与自导性,协作性与情感性,整体性与一体化,而技术在记录学习进步、规划学习蓝图、提供学习指导、评估学习效果等方面也起到了不可或缺的保障作用。

[关键词] 教学理论,教学设计,教学范式,教学改革

教育既要促进社会的发展,也要推动人自身的发展与完善。社会的变革和人自身自由发展的觉醒往往会对教育的旧观念和旧体制提出挑战。世界各国教育改革风起云涌,中国教育改革的中长期目标制订与决策也提到了议事日程。本文主要介绍当代国际著名教学设计理论家赖格卢特新近呼吁的"信息时代教学理论"之轮廓。赖格卢特长期致力于发展有关教学方法的知识和帮助学校与社区掌握积极参与系统变革的方法(例如他近年主持了"通向成功之路/Journey Toward Excellence"项目)。赖格卢特提出的从社会转型的新需求出发进行系统完整的教育变革,将有助于我们形成教育的新范式,推动教育从关注分等向聚焦学习转变,从达尔文的"适者生存"转向更人道更民主的"人人成才"。

一、信息时代对教育范式的新需求

变革有两种基本的类型:一种是片段零散的变革,另一种是系统完整的变革,片段零散的变革并不对系统本身伤筋动骨,通常只是寻找更好的办法来解决老问题,满足旧需求;相反,系统完整的变革则是需要对系统的结构进行大的调整,解决新问题,满足新需求。例如,假如教师发现现在的学生的起点水平很不

一致,需求更加多样化了,那么他就要考虑是否应该采取定制目标、团队协作解决问题和探究学习,并且加大教育技术应用的力度。

教学设计理论需要片段零散的变革还是系统完整的变革?教学设计理论是指导教学实践促进学习的知识体系,教学实践是整个教学系统和教育系统的一个子系统。系统观点认为,当一个社会系统发生重大变革时,子系统也需要发生相应的变革才能获得生存。

教育系统或者教学系统发生了哪些重要的变革呢?赖格卢特认为:许多社会科学家已经注意到工业时代和正在崛起的信息时代之间所存在的巨大差异(参见表 E.1)。总之,现有的教育体制绝大部分都是工业时代标志性特征的反映。

表 E.1 工业时代与信息时代的若干标志性特征 (Reigeluth,2002,9)

工业时代	信息时代
标准化	个性化
服从性	首创性
划一性	多样性
门类化	整体论
部分定向	过程定向
科层组织	团队组织
集中控制	责任自主
对手关系	合作关系
权威决策	分享决策
单向沟通	网络联系
预设期限	全面质量
主管至上	客户至上

赖格卢特认为,教育的新范式标志着我们需要从"关注分等"向"聚焦学习"转变,从达尔文的"适者生存"到更人道更民主的"人人成才",即发挥每个人的潜能。这就意味着"教学的范式"(paradigm of instruction)必须从划一标准到度身定制,从覆盖教材到满足学习者需要,从灌注倾倒到帮助学习者用心思考与专注理解,这是聚焦学习的范式(learning-focused paradigm)。这种范式要求学

习者从被动学习转向主动学习,从教师中心转向学习者中心(或者共同分享),从教师主导、控制和反应转向师生共同主导、控制和反应,从脱离具体情境的真空状学习转向掌握真情实境、富有意义的学习任务。最重要的是,它要求从时间固定而成绩参差不齐的模式中摆脱出来,走向因人而异、灵活多样的达标时间。

这种教学范式的转变,不可能再由教师面向全班在相同的时间相同的地点教同样的事情,意味着教师应该是一个"协力指导"者,而不是"讲坛圣贤"。除了教师之外,精心设计的学习资源、教学设计理论和教学技术、学习同伴、地方资源和远程资源都可以成为教学的有力武器。更进一步说,新的教学范式要求我们对教学(instruction)的定义将认知心理学家所指的"建构"(construction)含义包括进来,这就是帮助学习者构建自己的知识,而不是仅仅是向他们传递信息。各种有目的有意义的事情都应该包括在教学这个概念中,既包括建构法,也包容接受法。

显而易见的是,这种新的教学范式需要教学设计理论也有新的范式。那么,这样是否意味着我们需要抛弃现有的教学设计理论呢?为了回答这个问题,赖格卢特认为应该分析现有理论的主要贡献:如果学习者想要掌握一项技能,那么,这就离不开示证、讲解和操练并给予反馈(demonstration, generality/explanation and practice with feedback),这样做保证了学习更加便捷和有效。带有行为主义色彩的教学理论将它们称为"举例、规则和练习"(example, rules and practice with feedback),认知主义色彩的教学理论也不否认这样做,只不过换了另外一个名词,称之为认知学徒和支架作用(cognitive apprenticeship and scaffolding),建构主义色彩的教学理论也不例外,只不过他们实际做的是一套,说的又是另一套而已。我们难道应该丢弃这些教学理论吗?显然不应该。同时,我们应该满足于此吗?显然更不应该。

教学设计人员和其他教育工作者应该认识到有两种主要的教学方法。一种是"基本方法"(basic methods),另一种是"变通方法"(variable methods)。基本方法已经被实践证明在给定的条件下(即针对特定的学习者和学习类型)总是能够提高学习成功的可能性,例如像"讲解、示证和练习"(tell, show, and do; or generality, examples, and practice with feedback),总是适用于教授掌握一项技能的。而变通方法(如问题教学、辅导学习、学徒制等),则是以基本方法为载体的。虽然这样说明基本方法和变通方法之间的关系有点简单化,但是无疑我们确实应该认识到两者之间的重要区别。传统的教学设计理论在提供变通方法方面缺乏足够的办法。

二、教育新范式的四项基本原理

赖格卢特教授认为，应对信息时代新兴的教育需求，新的教育范式或教学理论必须遵循以下"四项基本原理"。

1. 个性化和多样性

首先，不同学生的学习速率是不一样的。一些学生已经掌握了学习过的知识，却要让他们等待班级里其余学生，这本身就是对其潜力的一种浪费。同样的，如果学生还没有掌握现阶段的知识就让他进入下一个学习阶段，这也是一种浪费。第二，当今的信息时代社会比起工业时代更加复杂多变，所培养的公民需要成为拥有多专业知识的交叉复合型人才。因此，我们必须做到因材施教，根据学生的兴趣和能力帮助他们掌握不同的东西，从而拥有不同的造诣。第三，不同学生的最佳学习方式也有差异。因此，我们在保持学生个性化的基础上，要采取多样化的教学，根据学生个体的实力和智力水平，帮助他们以不同的方式、以不同的速度学习，以教学多样化实现学生成就的多样化。

2. 主动性和自导性

据研究表示，如今的学生在其一生中预计将会转换超过10份的工作。众所周知，在知识型工作中，技术和信息变化的速率非常之快，劳动者必须在不断学习和创新中适应社会的需求。简言之，社会需要终身学习者。这意味着我们培养的学生不仅要热爱学习，而且要乐于提升学习的技能。因此，我们必须帮助学生成为自我指导的学习者，由被动转变为主动、依赖性转变为独立性，无论是解决问题还是自主学习，都要养成积极主动的心态，只有这样才不致被社会所淘汰。

3. 协作性和情感性

在信息时代，越来越多的雇主将知识工人编入协作团队中，而且，研究表明，在一个人一生的成功中，情商所发挥的作用比智商显得更重要。因为情感是一种巨大的力量，如果一个人的内心有积极、高尚的情感，工作时就会有奉献的激情和忘我的投入；反之，若时常产生"被雇佣"的感觉，精神状态便会大不一样，缺少内心的追求和依恋，成功自然变得困难。因此，学生必须培养自己人际交往和内省的能力。服从性、划一性是工业时代"隐性课程"的基本价值观，但是，在新范式下的隐性课程中，学会与人友好相处，了解自己的情绪、长处、弱点等会被看作新的价值观。因此，教学理论必须回答如何促进学生这些素质的发展。

4. 整体性和一体化

鉴于整个社会处在信息时代变得日益复杂的大环境下，形成系统的思维就显得比以往任何时候都更为重要了。这就是说，要依据各个系统——如生物系统、社会系统、生态系统、组织系统、物质系统、技术系统等——所表现出来的动态因果变化来考虑问题。所有不同的学校科目都是相互关联、不可分割的，若将各学科分离，在一个孤立的情境中教授知识，必会给他们带来严重的弊端。同样，仅仅关注学生的认知能力发展水平也是一个重大的失误，因为社会交往能力发展、情感发展、身体发展等所有其他方面都是相互联系在一起的。每一项都非常重要，不能简单以成绩来划分学生的水平，像暴饮暴食、吸毒、恐吓、暴力、少女怀孕只是片面发展所带来的少数负面结果而已。总之，在信息时代的教育范式中，我们既要关注学生的全面发展，同时也要关注学生的全面学习。这就需要探讨各种综合学习的方式。

以上几点就是"面向学习者的教学设计理论"（learning-focused instructional-design theory），或者说是"面向信息时代教育系统教学理论的主要特征"。它在平衡风险挑战、指引导向、支架协助、自主激励、自主定向等方面予以巧妙结合，从而提供了强有力的学习环境的设计指南。面向学习者的教学设计理论将对以往教学设计理论没有充分关注的变通方法提出指导，包括问题教学、项目学习、团队学习、模拟学习和辅导学习，等等（参见表 E.2），对如何合理评估学习也作出了重要思考。

表 E.2　信息时代教学理论的若干特征（依据 Reigeluth，2009，392-395；2002，10 整理）

基于达标评估（Attainment-based progress） 也许最重要的变革发生在从死盯着分等分类中摆脱出来，专注于学生的学习状态。学业进步的模式从基于时间转变为基于达标。不是简单地追赶学习进度时间表，学生只有在掌握了现有的课程内容之后，才能进入到新的学习中。实际上，这就是"掌握学习"（Mastery learning），每个学生在掌握某一技能或学习某一主题时都应该达到掌握的目标。

个性化达标档案（Personal record of attainments）

为了实现达标模式的转型，必须追踪每个学生的学习状况。可以通过电子档案等方式，用各种作品证据记录学生掌握技能或主题的情况，以此作为"最近发展区"的重要依据。个性化达标档案为每一个人进入下阶段的学习提供了依据。

基于标准的评估（Criterion-based assessment）

为了实现基于达标的评估，通过个性化达标档案改变了以往重在横向比较的常模参照评估做法，采用标准参照评估，以此来衡量学生进步状况。

基于业绩评估（Performance-based assessment）

每个学生都应该通过尽可能是现实生活世界中典型要求的方式作出评估。

因人而异，灵活多样的达标路径（Customized，flexible progress）

学生在未掌握现有的技能或学习主题之前不强迫他们进入后续学习；一旦他们达到了掌握要求之后便允许随时随地进入下一项技能或学习主题。每一个人都能取得学业成功，尽管所得到的"实惠"是各不相同的，但是各自都尽了自己最大的努力。通过新的技术手段予以支持，可以使得这种达标路径的优势凸显。

因人而异，灵活多样的达标要求（Customized，flexible goals）

依据社会对人才培养要求的差异和学习者自身潜能和兴趣的多样性，我们在提出达到作为一个公民的核心要求之外，应该允许学校有充分的时间保证发展个性特长。

因人而异，灵活多样的达标支持（Customized，flexible methods）

教师应提供各种不同的学习机会（各种不同的教学方法）照顾到每一个学生不同的学习风格和学习方式。这是一个扬长避短和取长补短的过程，也是教学设计理论大有用武之地，教师十分迫切地需要了解使用什么方法和什么时候使用哪一种方法。

个性化学习计划（Personal learning plan）

为了实现因人而异、灵活多样的达标路径、达标要求和达标支持，每个学生都应该有适合他自身特点的学习计划。这一计划具体规定了他学什么、按照什么顺序学以及通常用什么方法来学，通常采取合同形式（大约2个月为一个周期），由学生、父母及其导师来共同制定目标、达标方式和时限。这样的计划也有利于培养学生自我规划的专长。

教师作为指导者（Teacher as coach）

教师的角色必须从"讲坛圣贤"转变为"协力指导"，他是一位充满爱心的良师益友、是一位善于设计学生学习活动的行家里手，更是一位学习过程的促进者。每个教师都应该在帮助学生掌握具体学科领域技能和学习任务的同时，指导他们成为有自学能力的人。

意义学习（Meaningful content）

每个学生都应该关注掌握那些对个人最有用的技能或主题，包括高层次思维技能和决策能力。

真实情境学习（Authenticity）

每个学生所学习的任务或主题都应该与他自身的生活密切联系，应尽可能在一个真凭实据或真情实感的情境中学习。

> **自我指导与同伴指导学习**（Self-directed & Peer-assisted learning）
> 学习本身是一个积极主动建构的过程，每个学生都应该全身心投入学习，并且随着能力的不断发展，逐渐地增强自我指导和自我激励的本领。每个学生都应该有充分的机会与同伴开展合作协同学习，同时，也乐意从"教"中学习。
> **父母作为伙伴参与学习**（Parents as partners in learning）
> 父母要参与到创设孩子的个性化学习计划或合同中，并通过与导师或其他服务机构的合作来不断提高自己的抚育技能。
> **基于社区的学习**（Community-based learning）
> 社区以多种方式参与教育服务，例如组织志愿者服务，提供各种资源和场所，促成家校联系和家校-社区联盟等，使得教育与社区组织产生一种特殊的关系。
> **技术的新角色**（New roles for technology）
> 正像个性化学习需要教师、学生、家长和社区转型一样，也要求技术进步的支持。实际上，如果没有新技术的支持，在未来学校中实现个性化学习是不可能的。

三、教学方法的新分类

赖格卢特鲜明地主张，教学设计理论是一种对如何更好地帮助人学习与发展提供实际指导的理论。赖格卢特对教学设计功能定位的主要观点概括起来包括了两个大的方面，一是教学的方法（instructional methods），教学应该看起来像什么；二是教学的情境（instructional situations），在什么时候教学看起来像什么。

教学的情境可以分为两个方面，一是教学的价值，二是教学的条件。教学的价值涉及学习的目标、学习的标准和学习的方法，以及谁有教学的决策权和主动性。教学的条件涉及教学的内容、学习者、学习环境和教学开发的约束条件。

教学方法的分类是非常困难的，主要的原因是很难按照一个维度来对教学方法作出分类。赖格卢特在1983年的时候将教学方法按照组织策略（包括宏观组织策略和微观组织策略）、传递策略（选择与使用媒体）和管理策略来划分。

1999年，他按照六个维度进行分类。这六个维度是：

1. 学习的类型（分为记忆信息、理解关系、运用技能和运用一般技能）；
2. 学习的控制点（分学习者自我控制、教学控制和教学设计人员控制）；
3. 学习的焦点（某一个主题或者问题、单一的学科领域、跨学科领域）；
4. 学习的分组（单干学习、配对学习、小组学习和全班学习）；
5. 学习中的互动（师生互动、生生互动、学生与其他人互动、学生与工具互

动、学生与信息互动、学生与环境等互动);

6. 学习的支持程度(认知支持和情绪支持)。

2009 年,赖格卢特倾向于建议用教学方式(instructional approaches)、教学成分(instructional components)和教学内容排序(instructional content sequencing)来对教学方法作出分类。他认为,教学方式比较宏观一些,例如问题教学、体验教学和直接教学等,均属于教学方式。教学成分主要指的是比较微观的教学方式,比如说先行组织者、指导性操练和辅导等。教学内容排序主要是指教学任务的组块大小以及呈现序列。从具体到抽象排序和精细加工排序都是代表。关于教学方式、教学成分和教学内容排序的具体说明,可以参见表 E.3 至表 E.5。

赖格卢特指出,面向信息时代的教学理论十分关注如何激励学生学习,调动学生学习积极性的方法和突出学习针对性的方法。可以通过设问对教学情境和教学方法作出选择:

1. 学习目标和学习结果的价值是什么?
2. 教学优先要考虑的是什么?
3. 在特定的教学情境下最有价值的教学方法是什么?
4. 在一个教学的互动情境中教学的决策权和学习主动性会有什么样的影响?
5. 教学内容的属性会对教学方法的选择产生什么样的影响?
6. 教学环境的特征会对教学方法的选择产生什么样的影响?
7. 教学开发约束条件会对教学方法的选择产生什么样的影响?
9. 应该使用什么样的教学方式?
10. 在特定的教学方式中采用哪些教学成分是最适宜的?
11. 应该如何对教学内容开展排序?

表 E.3　**教学方式简表** (Reigeluth,2009,36-37)

锚桩教学(anchored instruction)
　　组织真实学习环境开展学习的一种方式,全部的学习活动组织均是围绕着学习者试图解决的某个真实问题(同义词:情境学习 situated learning)。

真实学习环境（authentic learning environment）

当有教学设计人员控制时，真实学习环境主要旨在提供某种教学事件的逼真性或者临场感。在这种情境下，真实性就是现实世界的同义词（同义词：建构学习环境 constructivist learning environment，情境学习 situated learning）。

案例学习（case-based learning）

围绕着实际情境来开展教学的一种比较宽泛的教学方法。

认知学徒（cognitive apprenticeship）

新手和专家开展积极互动来组织教学活动的一种方法，很多情况下是师徒一对一进行学习。此时重点就往往放在思考过程（同义词：学徒学习 apprenticeship learning）。

直接教学（direct instruction）

这一教学方式的特点是仔细地安排教学以促进教学的效能，由 Sigfried Engelmann 创立。

发现学习（discovery-based learning）

教学围绕着帮助学习者发现预先设定的某一模型、概念或者命题进行。

操练（drill and practice）

通过重复提示和矫正性反馈帮助学习者记忆和熟练的一种方法。

讲解教学（expository teaching）

主要依赖教师的讲授来开展教学（同义词：授受教学 didactic，师本中心 teacher-centered）。

做中学（hand on learning）

聚焦通过活动和直接经验——做中学来发现原理和掌握技能或者概念的一种方法。

个别教学（individualized instruction）

照顾到不同学习者的个别需要的一种方法。

探究教学（inquiry-based instruction）

围绕着学习者的兴趣来组织教学的一种方法，鼓励学习者提问，寻找问题的答案就成了学习过程的核心。

教学游戏（instructional game）

通过游戏活动来获得知识、技能和能力的教学活动。

教学模拟（instructional simulation）

为了掌握技能和理解概念，选择同现实生活中复杂性相近的关键因素开展模拟。

学习者中心教学（learner-centered instruction）

关注每一个学习者（知识背景、兴趣、能力和需要）和学习者的学习过程（采用哪一种方法能够最大程度地激发起学习动机和促进不同类型学习者的学习）。

问题学习或问题教学（problem-based learning/instruction）

围绕着帮助学习者找到解决问题的办法来组织教学。

项目学习或项目教学（project-based learning/instruction）

围绕着制作产品、完成任务或者提供服务来组织教学。

角色扮演（role play）
通过让学习者扮演一定的角色以及提供知识技能运用的情境来开展讲解或操练。

教师中心教学（teacher-centered instruction）
教师是教学内容传递的主渠道，传递的方式主要是讲授（同义词：讲解教学 expository，授受教学 didactic，传递教学 transmission-oriented）。

辅导（tutorial）
对教学事件进行适当的调整以满足学生的个别需要。

表 E.4 **教学成分简表**（Reigeluth，2009，37-38）

先行组织者（advance organizer）
由奥苏贝尔提出的一种教学方法，主要用于教学活动的启动阶段，以帮助学习者在已知和将要学习的知识之间架起理解的桥梁。

类比（analogies）
在熟悉的和不熟悉的知识之间进行比较，以帮助学习者理解。

真实任务（authentic tasks）
强调和现实生活的密切联系，同时旨在激发起学习者的学习兴趣。

辅导（coaching）
提供操练指导，鼓励新手在教学或者学习练习的情境中积极参与（同义词：促进 facilitating，监督 mentoring）。

协作学习（collaborative work）
主要是通过学习者的协同努力解决问题和完成任务，有助于发挥不同学习者的学习优势（同义词：合作学习）。

合作学习（cooperative work）
通过小组成员的分工来完成学习活动，合作学习活动涉及的学习任务往往较为庞大、复杂（同义词：协作学习）。

示证（demonstration）
由教师向学习者示证如何做某一事情，这一方法通常与学生尝试练习相配合使用（同义词：示范 model）。

精细加工（elaboration）
从某一概念或者技能的简单事例扩展至复杂事例，以帮助学习者充分理解学习内容。

正例和反例（examples/nonexamples）
运用某一概念的事例来说明这一概念的主要属性，同时与没有反映这一概念属性的事例进行对照，以帮助学习者理解概念，区分本质。

反馈（feedback）
向学习者提供有关学习表现的质量信息，以及对错与否的学习指导。

指导性练习（guided practice）
必要时在教师的指导和帮助下学习者开展操练的一种方法。
独立练习（independent practice）
没有教师的指导和帮助的情况下学习者开展自我操练。
同伴辅导（peer tutoring）
学习者帮助同伴掌握知识、技能，并在帮助过程中密切监督和反馈。
因人施教（personalization）
依据每一个学习者的特定需要开展教学（同义词：因人而异 customization，个别化教学 individualized instruction）。
练习（practice）
学习者与学习内容重复发生互动的一种学习方法。
预习（preview）
通过让学习者概览即将开展的教学活动，来帮助其建立教学目标、激发学习兴趣，主要用于教学的启动阶段。
互惠教学（reciprocal teaching）
学生两两配对或者分小组开展学习，轮流担任教师的职责，帮助同伴掌握学习内容。
反思（reflection）
通过把自己的学习过程和学习要求进行比较或者分析自己的学习进度，以帮助学习者加深对学习活动的理解，并促进学习者作出自我评价。
复习（review）
将某一学习活动中的要点加以整理以强化、把握关键的概念。
自我评估（self-assessment）
指导学习者把自己的学习和学习要求进行比较，并作出反思。
团队学习（team work）
以小组的形式开展学习，集体完成某一项活动（项目或者任务）。

表 E.5　教学内容排序简表（Reigeluth，2009，38-39）

从具体到抽象排序（concrete-abstract sequencing）
一种微观的排序方法，旨在依据从具体的、有形的经验向抽象的、符号的经验演变来安排和组织教学内容。
演绎排序（deductive sequencing）
一种微观的排序方法，旨在依据从一般到具体来组织教学内容。
由易到难排序（easy-to-difficult sequencing）
一种微观的排序方法，旨在依据从难度最小的事例到难度最大的事例来组织教学内容。

> **精细加工概念排序**（elaboration sequencing：conceptual）
> 这是一种从一般概念到具体概念开展排序、组织教学内容的方法（同义词：渐进分化排序 progressive differentiation sequence）。
> **精细加工程序排序**（elaboration sequencing：procedural）
> 从最简单的程序到最复杂的程序依次展开教学（同义词：最短路径排序 shorter path sequence）。
> **精细加工理论排序**（elaboration sequencing：theoretical）
> 从最宽泛、包容性最大的原理到最狭窄、包容性最小的原理开展教学（同义词：螺旋课程 spiral curriculum）。
> **层级排序**（hierarchical sequencing）
> 在教高级的、复杂的知识技能之前，先要掌握低级的、简单的知识技能（同义词：学习先决条件排序 learning prerequisite sequence）。
> **程序排序**（procedural sequencing）
> 按照实际完成任务的步骤先后顺序开展教学（同义词：顺向链锁排序 forward chaining sequence）。
> **支架作用**（scaffolding）
> 逐渐地减少或拆除各种教学支持，同时逐渐增加业绩表现的要求，两者结合我们将其称为支架作用（同义词：拆除 fading 和成型 shaping）。

四、技术在个性化学习中的作用

在信息时代，技术的发展让教育范式处在了改革的前台，它在教育的新范式中将发挥关键作用。比起工业时代的教学范式，技术可以极大地改善学生的学习，并有可能降低培养学生的成本。赖格卢特教授认为技术在信息时代发挥的新作用主要有以下四种：

1. 记录学习进步

动态实时记录每个学生的个人成绩对教师来说可能是一个噩梦。但技术却非常适合扮演这个角色，它可以帮助教师节省大量的时间。新的记录单替代了原有的成绩报告单，它由三部分组成：首先，它有一个"标准清单"，其中包含必要的教育标准（国家，州和地方）和可选的教育标准供老师、学生和家长参考。第二个组成部分是"个人达标清单"，它记录着学生已经掌握的技能或知识的个人成绩。从本质上讲，它描绘了学生在标准清单中所列的每一项成就（绩）的进步状况（也许有些还尚未列出）。它不仅表明了每一项成就（绩）达到的时间，下一个需要达到的成就（绩）等，并且链接到每个成绩的证据（汇总数据和/或原始作品的形式)。第三，还配有一份"个性特点清单"，追踪影响学生学习的个性特质，如学习风格、多元智能分布、学习兴趣和重大生活事件。

2. 规划学习蓝图

对教师来说，给所有学生制订个性化学习计划或合同也是非常困难的。在这里，技术再一次发挥了其作用。技术可以帮助学生、家长和教师：(1) 确定长期目标；(2) 查明学生目前已经达到的各方面水准；(3) 综合考虑学业要求、长期目标、学习兴趣和机遇等因素，从中选择他们现在希望去追求的东西（短期目标）；(4) 确定达成短期目标的各项学习方案（或其他手段）；(5) 确定其他有兴趣参与该学习方案的学生（如果有需要）；(6) 明确教师、父母以及其他可能支持学生学习该方案的人各自起着什么样的作用；(7) 制订一份合同，明确学习目标、学习方案、学习团队、家长和教师的作用以及每个学习方案的时限。

3. 提供学习指导

如果教师必须像工业时代范式中那样亲力而为的话，那么，由一个教师试图"指导"25位学生按照各自的速度用不同的方式学习不同的东西，这在任何时候都是非常困难的。然而，技术可以为学生个人（或小组）引进学习项目，提供支持项目学习的教学工具（如模拟、个别指导、操练、研究工具、通讯工具和学习对象），提供监测和支持学生进步的工具，甚至帮助教师和其他人开发新的学习项目和教学工具。

4. 评估学习效果

实施形成性和总结性评价可能是教师的又一个难题，因为学生并不总在同一时间接受测验。技术可以再次大显身手。首先，评估与教学相整合。用于培养技能和理解力的丰富的课堂表现也同样可以用于形成性及总结性评价。第二，在学生展示所学知识和理解程度时，面对的是真实的学习任务。第三，无论是在模拟、辅导、操练，均要求评价学生每一次的表现是否达到了标准，并立即给学生提供形成性反馈。当 X 表现达到的成功标准超过了过去的 Y 表现，就完成总结性评估，相应的成绩记录在学生个人成绩清单中。只有在少数情况下，无法采用新技术进行评估时，请一位观察员用带评价量规的手持式设备来评估，对学生的表现提供个人即时反馈。手持式设备提供的信息上传到计算机系统后，也将被记录在学生的个人成绩清单里。技术为帮助教师开发评价手段提供了便利，并且与课程标准或者学习要求相关联。教学评价理论对于技术在这方面可实现的潜在贡献有至关重要的作用。

值得注意的是，技术的这四项角色天衣无缝地形成相互联系：记录保存工具自动为规划工具提供信息，规划工具确定可用的教学工具，评估工具融入教学工具，评估工具自动给记录保存工具提供信息。与这种全面综合的工具最接近的说法是"学习管理系统"。当然，这样一个学习管理系统还有很多其他的功能，如通信（电子邮件、博客、讨论版、维基百科、白板、即时通讯、播客等）、LMS管理、学生常用信息、学校人员信息等。可以看出，技术在转变教学方式使之更好地满足信息时代的学习需求方面是不可或缺的。这里描述的LMS将使教师工作得更快，更容易，花费更低。但是，要让技术实现其潜在的贡献，必须依靠运用技术的人来实现。

总之，教学设计理论是一个充满生气活力同时又是不断在生长扩展的领域（a vibrant and growing field），它将帮助我们改变教育与培训系统的需求。目前，我们急切需要更多的理论研究者齐心协力攻关，需要更多的实践探索者去尝试应用，需要得到更多的经费支持。形成性研究是促进这一学科进步的一种方法论，因为其注重如何改进现有的设计理论而不是在不同的理论之间进行比较（这是实验研究感兴趣的事情）或者去描述运用一个理论发生了什么（这是质性研究欣赏的事情）。

参考文献：

[1] Reigeluth, C. M.. What is instructional design theory and how is it changing? In C. M. Reigeluth (Ed.) *Instructional design theories and models: A new paradigm of instructional theory*. New York, NY: Taylor & Francis. 1999, 5-29.

[2] Reigeluth C. M. & Joseph R. Beyond Technology Integration: The Case for Technology Transformation, Educational Technology. 2002, Jul. -Aug. 9-13.

[3] Charles M. Reigeluth & Yun-Jo An Instructional Theory for Education in the Information Age. In Charles M Reigeluth, Alison A Carr-Chellman (Eds.) *Instructional-Design Theories and Models, Volume III Building a Common Knowledge Base*, Hillsdale, NJ: Lawrence Erlbaum Associates. 2009, 387-399.

[4]盛群力、程景利.教学设计要有新视野——与赖格卢特教授访谈.全球教育展望,2003,7:3-5.
[5]段敏静、裴新宁、李馨.教育系统的范式转变——对话国际教学设计专家 Charles M. Reigeluth 教授,中国电化教育,2009,5.

英汉对照索引

（本索引页码系英文版原书页码）

adversarial relationship, 对抗关系 10-11

approaches for the paradigm change process: charter school (or single school or small-scale), 范式变革过程的方法：特许学校（或单个学校或小型规模）86-87; school district (or medium scale), 学区（或中等规模）87-88; state (or large scale), 州（或大型规模）88

assessment: formative, 评估：形成性 27, 30, 40, 78; integrated with instruction, 与教学相结合 27, 31, 41; performance-based, 基于表现 27; self-assessment, 自我评估 66; summative, 总结性 27, 30, 31, 41, 78; See also evaluation, testing, 亦见于评价、测验

attainment-based system (core idea 1), 基于成绩达标（核心理念1）26-28; in Chugach, 在楚加奇 73; in MNCS, 在明尼苏达新乡村学校 66; in Montessori, 在蒙台梭利 78

autocratic leadership, 专制的领导力 11-12

autonomy with accountability, 自主履责 12-13, 76

bureaucracy, 官僚科层机构 11

Carnegie Unit, 卡内基单位 4

centralized control, 中央集权 12-13;

change: paradigm change, 变革：范式变革 4, 5, 19; piecemeal change, 片段零碎的变革 5, 19; waves of change, 变革的浪潮 6

choice, 选择权 36, 43, 48-51, 69, 76, 99

civic education, 公民教育 32

cluster (school), 合伙团队（学校）46-47; culture, 文化 42-46; size, 规模 42-43; support agency, 支持机构 50-51

collaborative learning, 协作学习 30, 37, 81

collaborative relationship, 协作关系 10-11, 16

compartmentalization, 门类化 14

complexity, 复杂性 15

compliance, 服从 13

consumer aid agency, 客户援助机构 48, 49, 51

core ideas, 核心理念 26-54

cost-effectiveness, 成本效益 55-56, 70, 76, 82

culture, nurturing school (core idea 4), 培育学校文化（核心理念4）42-46; in Chugach, 在楚加奇 73; in MNCS, 在明尼苏达新乡村学校 66; in Montessori 在蒙台梭利 81

curriculum, expanded (core idea 3), 扩展课程视界（核心理念3）32-35; in Chugach, 在楚加奇 74; in MNCS, 在明尼苏达新乡

村学校 67；in Montessori,在蒙台梭利 80

customization,定制 8-9

customized learning,定制化学习, See learner-centered instruction 亦见于生本中心教学

decision-making system：bureaucracy based,决策系统：基于科层体制 50；client based,基于客户 50,69,81

democracy,民主 34

diversity,多样化 9-10,16,26

emotional development,情感发展 34

equity,公平 9,12,99

evaluation：of instruction,评价：有关教学 41；of guides（teachers）,有关导师（教师）41,51；of clusters(schools),有关合伙团队(学校)；of learning centers,有关学习中心 51；of support agencies,有关支持机构 51；See also testing and assessment,亦见于测验和评估

evidence of effectiveness,效果证据, See research support,亦见研究支持

factory model of schooling,学校教育的工厂模式 6,19

family services,家庭服务 43,46,52-53

guide,导师 36

hidden curriculum,潜在课程 7,13

holism,整体观 14

human development,stages of,人的发展,的阶段 43-45

initiative,主动创新 13,16

instructional support（or instructional overlay）,教学支持（或即时教学）30-32, 39-40,67,74

intrinsic motivation,内部动机 29

key characteristics,关键特征 8-15；interdependence among,……之间相互依赖 12

knowledge work,知识劳动 15

learner-centered instruction (core idea 2),生本中心教学（核心理念 2）28-32； customized content,用户自定内容 28-29； customized methods,用户自定方法 28-29；customized pacing,用户自定步调 28-29；in Chugach,在楚加奇 73-74；in MNCS,在明尼苏达新乡村学校 66-67；in Montessori,在蒙台梭利 78-80

learner characteristics,学习者特征 29； multiple intelligences,多元智能 29

learning：asset-based,学习：长板 28； deficit-based,短板 28

learning center,学习中心 44,47-51； support agency for,……支持机构 50-51

learning contract,学习合约, See personal learning plan,亦见个人学习计划

learning cooperative,学习合作社 53,56

lifelong learning,终身学习 45

motivation,动机 29,30,45,68,78,81

multiyear mentoring,跨龄指导 43,81,119

multiage grouping,混龄分组 43-44,80, 81,119

one-room schoolhouse,单个房间的校舍 6

open educational resources,开放教育资源 13,42,109

paradigm, 范式 5, 19

parallel systems approach to transformation, 平行系统的转型方法 88, 98-99

personal learning plans, 个人学习计划 29, 35, 38-39, 47, 67, 73, 79, 81, 94

place-based learning, 实地学习, See project-based learning, 亦见项目学习

policy: for research, 政策: 用于研究 110-111, 112; for state-level change, 用于州级层次的变革, 111-112; for technology R&D, 用于技术研发 108-109

portfolio, 档案袋, See report cards, portfolios, 亦见报告单、档案袋

principles for the paradigm change process, 范式变革过程的原则 89-96; broad stakeholder ownership, 广大利益相关者的所有权 90-91; change-process expertise, 变革过程的相关专业知识 94; consensus building, 建立共识 90; ideal design, 优化设计 92; invention, 创造性 91; leadership and political support, 领导力和政治支持 92-93; mindset change, 心态转变 89-90; readiness, capacity, and culture, 意愿、能力和文化 93; systemic leverage, 系统杠杆 93-94; technology, 技术 95; time and money, 时间和金钱 94-95

problem-based learning, 问题学习, See project-based learning, 亦见项目学习

professional development, 专业发展 45

professional service, 专业服务 13-14

project-based learning, 项目学习 29-30, 39-40, 66, 74, 78-79; community-based service projects, 基于社区的服务项目 30, 44, 53; problems with PBL, 基于项目学习的问题 30-31

prosumer, 产消合一者, See self service, 亦见自助服务

recordkeeping, 记录, See report cards, 亦见报告单

reengineering processes, 重建过程 14

relationships, 关系 43, 68, 75, 81

report cards: attainment-based, 报告单: 基于成绩达标 28, 66, 73; maps of attainments, 成绩达标示意图 28; portfolios, 档案袋 28, 68, 73

research support, 研究支持 60-61, 64-65, 71, 77-78

roles: new, 角色: 转变各自角色 (Core Idea 3, 核心理念 3) 35-42; for teachers, 教师的 35-36; for students, 学生的 36-37; for parents, 家长的 37; for technology, 技术的 37-42, See also Technology, 亦见技术; in Chugach, 在楚加奇 74-75; in MNCS, 在明尼苏达新乡村学校 67-68; in Montessori, 在蒙台梭利 80-81

S-curve, S曲线 17-20, 110-111

school, 学校, See cluster, 亦见合伙团队

self-directed learning, 自导学习 36, 66, 68, 80

self service, 自助服务 13-14, 109

service learning, 服务学习, See project-based learning, 亦见项目学习

shared leadership, 共享领导 11-12

special needs,特殊需求 32,74,80

standardization,标准化 8-9

strategies for the paradigm change process,范式转变过程的策略: create new schools,创建新型学校 86; transform existing schools,转变现有学校 85-86

structure,结构, organizational,组织结构变革(core idea 6,核心理念 6)46-55; administrative structure,行政管理结构 50-51; governance structure,治理结构 51-52; in MNCS,在明尼苏达新乡村学校 68-70; in Chugach,在楚加奇 75-76; in Montessori,在蒙台梭利 81 82

student progress: attainment-based,学习进度: 基于成绩达标 4,26-28; time-based,基于时间 4

systemic thinking,系统思考 15-16

teams,团队 11

team-based learning,团队学习, See collaborative learning,亦见协作学习

technology: roles for,技术: 角色 37-42,68,75; assessment for/of student learning,对于/有关学生学习的评估 40-41; instruction for student learning,为学生学习开展教学 39-40; planning for student learning,为学生学习制订计划 38-39; recordkeeping for student learning,为学生学习做好记录 38; secondary roles,次要角色

testing: attainment-based (or criterion referenced),测验: 基于成绩达标(或标准参照) 8,27,31,73,78; sorting-based (or norm referenced),聚焦分等(或常模参照) 9; See also assessment,亦见评估

Transformational Dialogue for Public Education,公立教育的转型对话 114

uniformity,统一性 9-10

vision,愿景, ideal,理想的 97-98,126-127

译 后 记

查尔斯 M. 赖格卢特和詹妮弗 R. 卡诺普合作撰写的这本新书翻译工作完成，即将提交出版。本书英文版是 2013 年 1 月份出版的。同年 10 月，赖格卢特来信询问盛群力是否愿意将这本新书翻译成中文，介绍给中国的读者。我们在他的"重塑学校"网站上初步了解了相关信息后，在淘宝网上订购了一本样书，几天后就决定尽快接洽版权，争取早日翻译出版。两个月后，在福建教育出版社的支持下，中文版权转让工作完成，翻译工作提上日程。

国内的读者一般都把赖格卢特教授作为顶尖的教学设计专家来看，实际上，赖格卢特因为其在中小学阶段糟糕的教育经历让他自 16 岁起就立志于改进学校教育，20 世纪 90 年代初他开始投身于宏观教学设计研究之路。1992 年，他在《教育技术》上发表了《系统变革的急迫性》和《新教育系统的愿景》两篇论文，初步勾勒了重塑学校的愿景。盛群力一直对赖格卢特教授所主张的信息时代（后工业时代）教学理论范式之转换很感兴趣，曾经在《现代教学设计论》(1998 第 1 版，2010 年修订版) 等著作中对此作过介绍，还有几篇论文和译文也涉及这一主题。

2003 年 4 月，盛群力在美国印第安纳大学访问学习时，曾经同赖格卢特教授作过一次访谈。赖格卢特当时就说道，"我以往的许多工作是有关教学设计理论，特别是精细加工理论，它涉及课程内容的选择和排序。但是，目前我的研究重点转到了教育的系统变革"。赖格卢特还主张："我认为最重要的一点是，教师和教育工作者必须认识到，不同的学习者有不同的学习需要和学习速度。但遗憾的是，无论在美国还是中国，人们所采取的思路仍然是工业时代的产物，用固定不变的速度（时间）教所有学生相同的内容。时间固定、结果不定，最终导致我们培养的学生能力参差不齐、品质良莠难分。这样的做法不是为了培养人而是服务于选拔人的需要。如果我们想把原来以选拔人为目标的教育体制改造成为真正以培养人为目标的教育体制，这就应该将焦点放在学习者身上，允许学习者根据自己所需要花费的时间来达到相同的结果。这是教育范式的转变，从师本中心、教学时间为主轴转向以生本中心、最终结果为宗旨。"

赖格卢特一针见血地指出了工业社会教育的特征是"时间固定，结果不定"，信息社会教育的特征是"时间可变，结果稳定"。有人说20世纪最重要的教学改革模式有两个。一个是布卢姆（当然有卡罗尔的重要贡献）的"掌握学习模式"，另一个是约翰逊兄弟的"合作学习模式"。我们来简单做个比较，就可以略知赖格卢特重塑学校的魅力所在了。

掌握学习模式提出了一个革命性的假设，这就是："学习时间是学习能力的表征"。如果说工业革命中有人提出了知识就是力量，时间就是效率，那么，布卢姆的掌握学习模式实际上宣告了"时间就是能力"。可以有"快生"和"慢生"之别，但是绝不存在"优生"和"差生"的断层。试想，在一个充满着看学历、看出身、看智商的语境下（现在何尝不是如此），布卢姆的革命性假设威力无比，给人温暖和信心。掌握学习模式从"只有学得好，才会愿意学"出发，将每一堂课，每一个单元的掌握作为前提，确保教学目标清晰可辨，反馈矫正即时到位，即使是总结性评价和考试也可以有二次达标的机会，如此等等，使得掌握学习风靡全球。掌握学习的魅力在于那个公式：学习程度＝f（所花时间/所需时间）。这一公式表明：任何学生的学习程度是他所花时间和所需时间的一次函数。其中所花时间又可以细分成所给时间、所用时间和所得时间。真正需要引起重视的是确保所得时间尽可能充分和有效。

合作学习模式也提出了一个革命性假设，这就是："同伴关系是学习动力的表征"。如果说工业革命中有人提出了"关系就是生产力"，那么，约翰逊兄弟的合作学习则进一步提出"差异本身是一种不可多得的资源"。合作学习信奉的是"只要愿意学，就能学得好"。问题是怎样使得学生有学习的动力和意愿呢？这就靠树立能力的多样观。每一个人都是独特的存在，每一个人总是有其长处和短处，长短互补，优劣搭配，减少了班级的不平等现象，确保了学生之间形成了一个利益共同体，成长最主要的动力来自于心理自由、接纳、归属和表现。组内异质、组间同质，保证了小组间可以合理竞赛，公平比较。目标协同、任务切分、资源共享与评价捆绑等具体措施，使得合作学习的魅力至今未减，大有方兴未艾之势。

赖格卢特孜孜不倦探索的"重塑学校"改变了什么呢？正像本书中提出的，工业革命的教育范式有几个象征性的东西——年级、分数、课程、教室和课时都几乎被改变了，工业革命教育范式的根基可以说动摇了。怎么想的，怎么做的呢？概括起来就是以"范式"变革为主线，提出新的愿景，满足新的需求，抓住问题关键，梳理核心理念，坚持生本中心，聚焦核心素养，发挥主体能量，运用系统方法，拓展整体视野，协同各方努力，贵在坚持不懈。

"补齐短板"与"找寻长板"统一，我们将这一条作为重塑学校探索中最有亮点的核心理念之一。试想一下，工业时代的教育范式实际上就是单打——补齐短板。人生来是软弱无力的、无知无识的，从婴幼儿开始，成长的过程就是无休止的补齐短板的过程。学啊学，无休止地学，为了什么呢，就是为了补齐我们与生俱来的各种各样的短板，时刻准备着，为了某一天生活和工作中会用到这个本领。再加上这个短板基本上都是聚焦在学科内容上，不管是文理分科还是文理兼顾，都使得学生和老师心力交瘁。赖格卢特在本书第二章第二节阐述核心理念2：生本中心教学时强调了"量身定制的（个性化）学习"的价值。他说道：在信息时代系统中，我们设想，能否把短板学习法和长板学习法结合起来运用，从而体现"两者兼顾"而不是"两者择一"的目的。就定制"教学内容"而言，既要掌握规定的东西，也要发挥自己的才能、兴趣和特长；就定制"教学方法"而言，一种是由学生自己选择学习项目，另一种是为学生量身定制个别辅导。

当然，本书中的核心理念和相应的策略、措施还有许多，细细加以分析不是本后记的任务，我们在这里只是罗列标题如下，供读者对照思考：(1) 从"关注筛选"转向"聚焦学习"；(2) 从"年级升迁"转向"成绩达标"；(3) 从"师本教学"转向"生本学习"；(4) 从"孤立知能"转向"真实本领"；(5) 从"标准教学"转向"量身定制"；(6) 从"常模测验"转向"标准测验"；(7) 从"个人单干"转向"协同努力"；(8) 从"学而生厌"转向"愉快学习"；(9) 从"学校建制"转向"合伙团队"；(10) 从"零敲碎打"转向"系统变革"；(11) 从"千人一面"转向"多样才能"；(12) 从"中央集权"转向"自主履责"；(13) 从"被动服从"转向"主动创新"；(14) 从"讲坛圣贤"转向"协力指导"；(15) 从"年龄编班"转向"混龄小组"；(16) 从"系统讲授"转向"即时指导"；(17) 从"掌握学科"转向"项目学习"；(18) 从"专业服务"转向"自我服务"；(19) 从"门类林立"转向"整体优化"；(20) 从"规章林立"转向"合同约束"；(21) 从"快慢难控"转向"进度自调"；(22) 从"两者择一"转向"彼此兼顾"；(23) 从"官僚科层"转向"共享决策"；(24) 从"师生对抗"转向"共同合作"；(25) 从"学校单干"转向"家校合作"……

本书中提出了范式转换的11条原则：(1) 心态转变原则；(2) 建立共识原则；(3) 利益保障原则；(4) 创造革新原则；(5) 最佳设计原则；(6) 有效领导

原则；(7) 文化渗透原则；(8) 专业引领原则；(9) 积极投入原则；(10) 系统杠杆原则；(11) 技术支持原则。这些原则值得读者好好体味。

本书的合作者詹妮弗 R. 卡诺普参与建立了罗伯特·弗罗斯特特许学校，现任该校校长。由身在改革第一线的校长来合作撰写，使得读者阅读起来不会感到只是理论工作者在隔靴抓痒。

请读者注意本书的书名《重塑学校——吹响破冰的号角》（*Reinventing Schools: It's Time to Break the Mold*），为什么说是"破冰"，要"吹响号角"，或者说"打破窠臼"呢？这就表明范式转换不是一件易事，难以一蹴而就，需要勇气、智慧和毅力。那为什么是"破冰"呢？因为我们需要通过探究隐藏在"冰层下面"的问题本质，以寻找真正能解决问题的措施。现在不光光是美国的教育问题层出不穷，中国（或许全世界）也是如此。是时候改变对教育问题进行"头痛医头，脚痛医脚"的解决方式了，我们应该透过现象去发现问题的根源所在。赖格卢特的系统范式转换确实能让我们眼前一亮。

本书是宏观教学设计理论和学校系统改革理论的力作之一，不算太厚的一本书浸透了作者十几二十年改革探索的汗水，凝聚了智慧。希望本书对推动我国的学校改革有所裨益。

本书附录 D 和附录 E 是中文版新增加的。附录 D 可以看成是本书的一个简缩版；附录 E 补充了部分教学方法和策略方面的具体做法，对读者理解本书观点也是有益的。

本书主体部分由方向博士完成翻译，浙江大学竺可桢学院一年级本科生马斯婕参与翻译了第一章草稿。全书由盛群力校译。赖格卢特教授和卡诺普校长还十分关心本书的翻译工作，通过电子邮件细致解答了我们的一些疑惑，并为本书中文版撰写了前言，特此表示衷心感谢！同时衷心感谢福建教育出版社教育理论编辑室主任成知辛和姜丹编辑在批准选题和联系版权等方面给予支持！衷心感谢责任编辑付出的辛劳！

盛群力 方向

2014 年 9 月 5 日于浙江大学